Inhalt

Herstellung und Verlag:
Books on Demand GmbH, Norderstedt
ISBN 978-3-8370-3657-2

Vorwort

Dieses Buch beschreibt einen Zeitraum von mehr als 20 Jahren.
Es waren Jahre der Freude, der Enttäuschung, der Unsicherheit,
der Entwicklung, des Lernens.
Vor allen Dingen des Lernens über den Umgang mit Pferden
und Ponys und auch mit Menschen.
Und eines ist klar festzustellen. Diese Prozesse entwickeln sich
laufend weiter und sind nie abgeschlossen.
Kein Pferd oder Pony ist so wie das andere, so wie es auch bei
uns Menschen keine Kopien gibt.
Gerade dies macht die Beschäftigung mit Pferden und
Menschen so lohnenswert und jederzeit interessant.
Die Geschichte, die hier beschrieben ist, entspricht den
tatsächlichen Gegebenheiten.
Es sind uns in Bezug auf unsere Pferde sicher viele Fehler
unterlaufen und ich denke es werden weitere hinzukommen.
Wichtig ist nur auch daraus zu lernen und was ich als sehr
entscheidend betrachte, den Pferden und Ponys immer mit
Respekt und vor allen Dingen Verständnis und Liebe entgegen
zugehen.

Es ist kein Buch in dem Sie Befehle und Anleitungen, nach dem
Motto : „So wird's gemacht und nicht anders!", suchen sollten.
Es gibt Ihnen vielleicht die Möglichkeit eigene Wege zu gehen
und Entscheidungen besser zu finden.

Ich habe dieses Buch für alle, die sich mit Pferden
auseinandersetzen wollen, geschrieben.
Für alle, die diese Lernbereitschaft und Begeisterung für Pferde
mitbringen, um Ihnen ein wenig davon weiterzugeben, was uns
unsere Pferde gegeben haben.

Leben mit Pferden-
oder Erfahrungen von Eltern "Pferdevirus" erkrankter Kinder

Durch Zufall erfuhren meine Frau und ich, dass die Tochter von
Geschäftsfreunden schon seit einiger Zeit ein eigenes Pferd
besaß und fleißig ritt.
Zu Hause davon erzählt, erweckten wir sofort das Interesse
unserer 3 Mädchen. Vor allem unsere Tochter Julia - 8 Jahre alt
und ausgestattet mit sehr viel Mut und grenzenloser Tierliebe -
machte uns in den nächsten Wochen ein Denken oder Reden
ohne das Thema „ Pferd" unmöglich.

Also informierten wir uns, wie Julia möglichst sanft auf ein
Pferd und natürlich vor allen Dingen wieder hinunter kommen
könnte. In einem Reitverein in der Nachbarstadt bekam sie bald
den ersten Longenunterricht.

Wir hatten bis zur Ansteckung mit dem Virus „Pferd" nur
Erfahrungen mit Hunden Marke „Cocker Spaniel" gehabt und
uns kam es schon recht gefährlich vor mit einem so großen Tier
umzugehen.
Aber Julia machte sich gut, und so kamen wir langsam in den
Themenbereich „eigenes Pferd oder Pony". Auch wurde Julia in
ihrem Wunsch von fachkundiger Seite bestärkt. Auf einen
eigenen Pony würde sie sich schneller und noch besser
reiterlich weiterentwickeln.
Nun gesagt, getan, wir sahen uns diverse Ponys (immer unter
Mithilfe von so genannten Fachleuten) an, und Julia probierte
die Pferdchen aus.

Piccolo

Endlich hatten wir das richtige Pony gefunden. Ein wunderschöner elfjähriger Fuchswallach mit weißer Mähne und Schweif und super Abstammung(lt. Auskunft unserer Fachleute).
Einen Stall mit angrenzender Weide fanden wir schnell.
So sollte Piccolo am nächsten Tag von uns abgeholt werden.
Was nun folgte, war die erste schlimme Erfahrung, die wir mit Piccolo machen sollten.
Er hatte nämlich eine starke Abneigung gegen den von uns geliehenen Pferdehänger (später merkten wir gegen alle Hänger).
Er stieg, keilte aus und war weder durch gute Worte, noch durch rohe Gewalt des Vorbesitzers auf den Hänger zu bekommen.
Das Spiel dauerte ca. eine Stunde, dann hatte Piccolo keine Lust mehr und ging relativ friedlich auf den Hänger.
Uns war aber auch schon fast die Lust auf dieses Pony vergangen. Welche schlechten Erfahrungen musste dieses arme Pferdchen schon gemacht haben?
Piccolo entpuppte sich als sehr cleveres Pony. Er war schnell Chef auf der Weide, was dazu führte, dass er sich mit seinen Artgenossen den Spaß machte mit uns Fangen zu spielen.
Man stelle sich unsere Angst vor, als sich eine Staubwolke von sechs bis sieben Pferden direkt auf uns zu bewegte. Kurz vor uns wurde abgebremst und eine andere Richtung eingeschlagen.
Den Zeitpunkt seines Einfangens bestimmte Piccolo immer selber. Endlich am Führstrick kam die nächste Schwierigkeit.
Beim Öffnen des Gatters (man hat dann nur noch eine Hand frei) stieg Piccolo und verschwand vorerst einmal wieder in Richtung Herde.
Mit der Zeit kannten wir seine Weidetricks, das Gemeine war nur, dass er es nur manchmal versuchte, immer dann, wenn man es nicht für möglich hielt.
Auch unter dem Sattel hatte Piccolo mächtig Spaß (meistens nur er).
Es konnte passieren, dass nichts passierte. Im

allgemeinen aber fühlte er wohl den für sich geeigneten Augenblick kommen, in dem er sich regelmäßig seiner Reiter erledigte.

In der Zwischenzeit waren wir wegen besserer Trainingsmöglichkeiten zum örtlichen Reitverein umgezogen. Dort sollte Piccolo vom Reitlehrer weiter ausgebildet werden. Piccolo wurde wirklich noch gebildeter.

Mittlerweile wurden schon Wetten abgeschlossen, in welcher Zeit (gemessen in Sekunden) der nächste Reiter vor, hinter oder neben dem irgendwie grinsenden Pony liegen würde.

Auch unsere Tochter Julia hatte bald ausreichende Flugerfahrungen.

Jede Schulstunde mit Piccolo hatte regen Zuschauerzuspruch. Uns war längst klar, dass wir ein hervorragendes Rodeopferdchen besaßen, aber zum Reiten war Piccolo gänzlich ungeeignet.

Nach jeder Reitstunde gab es zuhause herzzerreißende Szenen. Wir als Eltern wussten schon lange, dass Piccolo verkauft werden musste, aber unsere Tochter Julia heulte Rotz und Wasser, trotz allem.

Sie liebte ihr Pony über alles, und beim Putzen und beim sonstigen Umgang war Piccolo wirklich lieb.

Es half alles nichts, Piccolo wurde annonciert und ein paar Interessenten riefen bald an.

Ich schilderte Piccolos Wesen wahrheitsgemäß und so versprachen die Anrufer nach Überlegung wieder anzurufen. Niemand rief ein zweites Mal an.

Dann noch ein Anruf ein paar Tage späte. Die Leute ließen sich nicht von ihrem Vorhaben abbringen und wollten unbedingt Piccolo ausprobieren.

Die beiden Damen, Mutter und 16 jährige Tochter, kamen noch am gleichen Abend.

Nach mehrfacher Warnung vor unserem wilden und unberechenbaren Pony und der Versicherung dass sie wirklich gut reiten könne, stieg die Tochter mit der Bemerkung sie suche ein wildes und temperamentvolles Pony, auf.

Das Ausprobieren dauerte eine ganze Stunde ohne das sich Piccolo von seiner Rodeoseite gezeigt hatte. Nichts passierte!

Kein Steigen, kein Buckeln, kein Durchgehen!
Die anschließende Verkaufsverhandlung war sehr zäh.
Nach mehrfachem Preisnachlass für das „ langsame und faule

Pony" (wir hätten Piccolo auch umsonst abgegeben) war er
verkauft.
Auch am nächsten Tag beim Aufladen machte Piccolo von
seinem passiven Widerstand gebrauch und ging nach einigen
Versuchen ohne großen Stress auf den Hänger.
Wir hatten ein völlig anderes Pony verkauft, als wir gekauft und
kennen gelernt hatten.

Bonny

Julia hatte in der letzten Zeit nur noch Reitunterricht auf den Schulpferden des Reitvereins erhalten und hatte ganz ordentlich reiten gelernt.
Nun musste ein liebes, zuverlässiges Pony her.
Es wurden alle Inserate gelesen und wir sahen uns kleine, große, dicke, dünne, schnelle und langsame Ponys an.
Endlich lasen wir ein Inserat eines Ponygestütes und machten für das nächste Wochenende einen Termin fest.
Nach kurzer Schilderung unseres Kaufwunsches wurde uns eine 128 cm (Stockmaß) große dunkelbraune 12 jährige Ponystute vorgestellt, (Piccolo war größer, ca. 144 cm)
Sie war früher schon auf Turnieren als Reit-, und Fahrpony gestartet.
Julia war schnell mit „Bonny" vertraut und verliebte sich in dieses Pony sofort. Auch beim Ausprobieren machten beide eine gute Figur.
Danach schlossen wir den Kaufvertrag, allerdings mit einer Rücknamegarantie innerhalb eines Monats bei Nichtgefallen. (aus Schaden wurden auch wir klug.)
Eine Woche später wurde Bonny vom Händler gebracht.
Sie war doch um einiges kleiner als Piccolo und so brauchten wir für Bonny natürlich eine neue Trense, einen Sattel und anderes Zubehör.
Julia kam mit ihr hervorragend klar. Sie ritt jetzt beinahe jeden Tag, manchmal sogar vor, in und nach der normalen Reitstunde. Die beiden wurden ein richtiges Paar.
Julia meinte, sie brauche meistens gar keine Hilfen geben, sie brauche nur zu denken, sie möchte galoppieren, dann galoppierte Bonny auch schon direkt an.
Allerdings hatte auch Bonny ihren eigenen Kopf. Es konnte schon mal passieren, dass sie anstatt links, rechtsherum galoppierte, aber das muss man vielleicht bei einem Lebewesen mit eigenem Wille in Kauf nehmen.

Bonny hatte als wir sie kauften einen ganz schön dicken Bauch.
Mit der Zeit wurde dieser Strohbauch durch das Training dünner und das Pony bekam eine gute Kondition.
Doch nach einiger Zeit wurde Bonny wieder merklich dicker.

Auch mochte sie sich nicht mehr so leicht und unproblematisch reiten lassen. Besonders das Rückwärtsrichten machte ihr große Schwierigkeiten.

Sie bekam die gleiche Futterration wie von Beginn an.

Wir wussten uns keinen Rat. Auch keiner der Vereinsmitglieder konnte uns helfen.

Irgendwann äußerten wir den Verdacht einer Schwangerschaft. Wir wurden von allen nur ausgelacht.

Dann bestellten wir den Tierarzt.

Nach eingehender rektaler Untersuchung gratulierte er uns zu einem großen Fohlen. Bonny war ca. im 8. Monat (Pferde tragen 11 Monate)

Die Aufregung war groß. Was wollten wir ohne Weide mit dem Fohlen anfangen? Wer war der Vater des Fohlens? – Vielleicht ein Esel?

All diese Fragen bestimmten von nun an jede freie Minute.

Das Reiten mit Bonny wurde immer schwieriger. Einerseits sollte die Ponystute laut dem Tierarzt weiter geritten werden, andererseits wollte sie sich doch nicht mehr so bewegen wie am Anfang.

Julia aber wollte Reiten. Sie hatte sogar den Ehrgeiz an einem ersten Turnier teilzunehmen. Mit Bonny war das jetzt unmöglich, auch in den nächsten ca. 8 Monaten wäre dies nicht gegangen. Wir fanden eine Lösung.

Da auch unsere große Tochter Andrea (10 Jahre alt) plötzlich die Liebe zu Pferden und Spaß am Reiten entdeckt hatte, brauchten wir ein Großpferd für Julia und Andrea. Doch davon später.

Für Bonny kam die Zeit, dass auch kein Sattel mehr auf ihr liegen blieb. Alles rutschte nach vorne. Außerdem sah Bonny nun doch ziemlich unförmig aus. Also ließen wir sie nur noch frei in der Halle laufen, um ihr

wenigstens ein wenig Bewegung zu verschaffen., Auch wurde sie in dieser Zeit recht launisch. Vor allen Dingen mochte sie aus irgendwelchen Gründen keine Handschuhe. Sie biss einfach in jeden Handschuh, der in ihre Nähe kam.

Auch für mich wurde es stressig.

Nachdem Studium einiger Bücher (keiner im Verein hatte

einschlägige Erfahrungen) über die Geburt und Aufzucht von
Fohlen, fasste ich den Entschluss, dass Bonny mehrfach am
Tage und in der Nacht überwacht werden musste.
Tagsüber war das kein Problem, aber nachts fuhr ich gegen 24
Uhr und 4 Uhr zum Stall.
Aber Bonny und das Fohlen ließen sich viel Zeit.
Ich hatte durch mehrere Telefonate nach Norddeutschland
(Bonny hatte in Oldenburg ausgestellte Papiere)
herausgefunden, welcher Hengst der Vater unseres Fohlens
war. Es war ein Ponyschimmel.
So kamen wir sogar an die Deckbescheinigung und erfuhren auf
welch seltsamen Wegen Bonny zu den Gestüt gekommen war
Eines Morgens klingelte um kurz vor 6 Uhr das Telefon.
Der Futtermeister unseres Vereins informierte uns über die
Geburt des Fohlens.
So schnell war unsere Familie noch nie aufgestanden.
In Windeseile fuhren wir zum Stall.
Bonny war von der Geburt noch sehr erschöpft,
Sie hatte ein schwarzes Hengstfohlen zur Welt gebracht.
Der Kleine lag bei seiner Mutter und versuchte, als wir den Stall
betraten, zum ersten Mal aufzustehen.
Mit wackeligen Beinen schaffte er es schon beim ersten
Versuch.
Als der von uns benachrichtigte Tierarzt eintraf, hatte sich auch
Bonny ein wenig erholt und ließ ihr Fohlen trinken.
Diese frühzeitige Milchaufnahme ist sehr wichtig!

Fohlen können im Mutterleib über das Blut der Mutter keine
Abwehrstoffe gegen Krankheiten erhalten (anders als z.B. bei
einem Menschen).
Die einzige natürliche Möglichkeit Immunstoffe zu bekommen,
besteht in der Aufnahme der Kolostralmilch, die nur in den
ersten 24-36 Stunden nach der Geburt zur Verfügung steht.
Nach kurzer Untersuchung von Mutter, Kind und Nachgeburt,
bekam Bonnys Sohn einen Einlauf vorbeugend gegen das
gefährliche Darmpechverhalten eine lebensgefährliche
Verstopfung bei Fohlen.
Nun war Ruhe angesagt.
Bis zum Nachmittag hatte sich allerdings das Ereignis
herumgesprochen.

Die Beiden waren die Attraktion in unserem Verein.
Es war gar nicht so einfach die Besucher davon zu überzeugen,
dass wirklich erst einfach Ruhe von Nöten war.
Ein Name für den Kleinen war übrigens schnell gefunden. Er
sollte „Merlin" heißen.
In den nächsten Tagen legte sich die Aufregung ein wenig.
Bonny musste auch erst einmal lernen jemanden in die Box zu
lassen.
Am Anfang griff sie jeden an, der sich auf ihr Fohlen zu
bewegte.
Nach zwei Tagen konnte wenigstens ich ungefährdet in die Box
und Bonny und auch das Fohlen anfassen.
Wichtig war natürlich auch Bewegung für beide.
Nach 4 Tagen beschlossen wir den ersten Ausflug zu machen.
Bonny war sehr wachsam. Sie ließ Merlin keine Sekunde aus
den Augen. Wir wollten eigentlich zur nahen Weide, die der
Verein für alle Pferde als Auslaufgelände gepachtet hatte.
So weit kamen wir jedoch nicht.
Merlin machte sich schnell selbstständig wollte zum erstbesten
Pferd das er sah.
Bonny war damit nicht einverstanden, wieherte und schnaubte
wütend und lief hinter Merlin her. Ich folgte brav am Führstrick,
versuchte aber mit großer Mühe Bonny zu bremsen.
Merlin genoss seine Freiheit, galoppierte, buckelte und trabte
wie wild um uns herum.
Schließlich landete er in der gerade erstellten Waschbox und
verewigte so seine Hufabdrücke im frischen Beton für alle
Zeiten.
Der Reitlehrer trug den sich wehrenden Merlin wieder zu seiner
Mutter. Wir brachten beide zurück in den Stall.
Es war ein kurzer, aber stressiger Ausflug.
Merlin lernte in der nächsten Zeit sich ohne Auskeilen anfassen
zu lassen. Auch die Beine konnte man so berühren und sogar
zum Säubern hochheben. Er ließ sich auch gefallen ihm
zeitweise ein Fohlenhalfter über den Kopf zu streichen.

Die ersten Erziehungsschritte warten getan.
Nun musste der Schmied zum ersten Mal kommen. Bonnys Hufe
mussten ausgeschnitten werden (Ponys müssen im

Allgemeinen nicht beschlagen werden).

Bei dieser Gelegenheit sollten auch die Hufe von Merlin etwas korrigiert werden.

Unser Hufschmied, ein einfühlsamer und ruhiger Mann, brauchte einen Gehilfen als Verstärkung mit.

Bonnys Hufe waren schnell beschnitten, aber während der Prozedur hatte sie immer ein wachsames Auge auf Merlin.

Dann kam Merlin an die Reihe.

Wir hielten ihn zu zweit fest und der Schmied versuchte die Hufe zu beschneiden.

Nach anfänglichem Wiederstand klappte es dann aber ganz gut.

Schnell war der Schmied mit seiner Arbeit fertig.

Beide Ponys kamen wieder in die Box.

Ein paar Tage später, wir ließen beide in der Halle frei laufen, beschloss ich, dass Bonny nun endlich wieder etwas Training gebrauchen konnte.

Ich versuchte sie zu longieren, aber Merlin lief immer dazwischen und verfing sich in der Longe.

Ich gab diesen Versuch auf und baute einen kleinen Sprung für Bonny auf.

Bonny verstand auch sofort was ich von ihr wollte, galoppierte los und sprang.

Merlin sah sehr interessiert zu. Dann, beim nächsten Sprungversuch seiner Mutter, galoppierte er an und sprang noch vor seiner Mutter über das Hindernis. Alle waren erstaunt.

Dieses Fohlen sprang ohne irgendeinen Druck von außen.

Wir wollten die Sache nicht übertreiben und ließen die beiden noch ein wenig ohne Hindernis in der Halle toben.

Auch später zeigte sich Merlin als begeisterter Springer.

Er entwickelte sich zu einem kräftigen Hengst, der im Alter von vier Monaten schon fast die Größe seiner Mutter hatte.

Melissa

Während der letzten Pferdeschwangerschaftswochen hatten wir uns aus den bekannten Gründen um ein zusätzliches Großpferd bemüht.

Andrea hatte auch Reitunterricht bekommen und so konnten beide, Andrea und Julia, einige Pferde ausprobieren.

Dieses Pferd sollte in erster Linie für Andrea sein. So war sie auch stets die Erste, die aufsitzen musste.

Da begannen die Schwierigkeiten. Wenn das jeweilige Pferd bei Andrea nicht trabte oder galoppierte, kam Julia gut damit zu recht.

Nach langem hin und her hatten wir dann endlich ein Pferd gefunden, das beide Mädchen ohne Probleme sofort reiten konnten. Melissa, eine 10 jährige, braune Vollblutstute.

Die Besitzerin wollte den Reitsport ganz aufgeben und so bekamen wir zum Pferd noch einen Sattel, Trense und anderes Zubehör.

Schweren Herzens trennte sie sich von Melissa zwei Tage später. Mit einer Hand voll Futter und viel Geduld ließ sich Melissa verladen und wir fuhren in den Heimatstall.

Dort angekommen luden wir die total verschwitze Melissa vom Hänger.

Sie fuhr eben sehr ungern mit dem Hänger, eine Angewohnheit, die sie zeitlebens wohl nicht ablegen würde.

Immer wenn es später ans Verladen ging, war Melissa schon vorher mit den Nerven am Ende und am ganzen Körper zum Auswringen nass. Von Natur aus als Vollblut etwas schmaler, nahm sie aber dennoch durch einige Extraportionen Futter zu.

Auch unter dem Sattel machte sie sich gut.

Andrea und Julia ritten sie täglich wechselnd in den Reitstunden. Mit Bonny und dem Fohlen vertrug sie sich ebenfalls sehr gut.

Wir merkten schnell, das Melissa bei zu viel Futter, besonders bei Hafer, sehr nervös und zappelig wurde. So strichen wir den Hafer ganz vom Speiseplan.

Wir schrieben dies mit großen Lettern an die Boxtür, um jeden, der die Pferde fütterte darauf aufmerksam zu machen.

Bei herrlichem Wetter ritt Julia dann zum ersten Mal auf den Außenplatz.

Nach ein paar Runden konnte Julia Melissa nicht mehr halten.
Melissa ging durch. Im gestreckten Jagdgalopp ging es in sehr
hohem Tempo immer knapp am Zaun des Reitplatzes entlang.
Julia weinte vor Angst, hielt sich aber tapfer auf dem Pferd.
Allerdings fühlte sich Melissa durch das laute Weinen und
Rufen von Julia und den Umherstehenden noch angefeuert.
Mir schnürte es die Kehle zu. Was konnte alles passieren?
Die größte Angst hatte ich davor, dass Melissa mit Julia über
den Zaun springen könnte.
Julia war noch nie gesprungen, sie wäre unweigerlich vom
Pferd gestürzt.
Die Minuten vergingen wie eine Ewigkeit. Endlich beruhigte sich
Melissa und Julia konnte abspringen.
Das Abenteuer war zum Glück gut ausgegangen.
Unsere Nachforschungen ergaben, dass Melissa mit Hafer
gefüttert worden war. Unsere Warnung war einfach übersehen
worden.
Zum Hafer kam dann noch das sehr warme Wetter, was bei
Melissa einen Rauschzustand erzeugt hatte.
Melissa hatte buchstäblich der Hafer gestochen.

In den nächsten Monaten entwickelten sich Melissa und Andrea,
für die ja dieses Pferd angeschafft worden war, gut.
Bei der Dressurarbeit zeigte sich, dass Melissa aufgrund ihrer
Abstammung (französisches Vollblut) alles ziemlich brav
mitmachte, bis auf einige Übungen, wo andere Pferde sich vom
Anfang der Trainingsgruppe entfernen und sich wieder nach
einer Runde in der Reitbahn, hinten anschließen mussten. In
diesen Situationen kamen wohl die Gene eines rassigen
Rennpferdes durch und Melissa war kaum zu bändigen, wenn
vor ihr ein Pferd die Gruppe verließ. Sie tänzelte herum und
verfolgte das erste Pferd, meistens mit dem Erfolg dieses zu
überholen. Melissa konnte es nicht ertragen als Zweite
anzukommen. Die Reiterin, egal ob Andrea oder Julia, hatte
anfangs in der Regel keine Möglichkeit, das Pferd
zurückzuhalten.
Im Laufe der Zeit verbesserte sich dies jedoch.
Uns wurde langsam klar, dass Julia, die natürlich Bonny auch
noch ritt, für das Pony zu groß geworden war. Also wurde
Bonny an einen Ponyhof verkauft, während Merlin an eine junge

Frau abgegeben wurde, die noch weitere Pferde und Fohlen besaß. Dies war für Merlin umso wichtiger, als dass er dort mit gleichaltrigen Pferden toben und aufwachsen konnte.
Also hatten wir das nächste Problem: Julia wollte und sollte wieder ein eigenes Pferd reiten.

Mandy

Nach langem Suchen hatten wir dann endlich das vermeintlich richtige Pferd gefunden.

Es war wieder eine dunkelbraune Stute, vier Jahre alt und gerade mal angeritten. Wir nannten sie Mandy. Mandy kannte zwar Sattel und Trense, aber hier zeigte sie sich schon zickig. Beim satteln biss sie in alles, was gerade in ihrer Nähe war. Lag der Sattel erst einmal gegurtet auf ihr, war der Spuk vorbei und sie verhielt sich ganz brav.

Auch machte sie beim Reiten in Wald und Feld eine gute Figur. Nach dem Ausprobieren machten wir einen Abholtermin aus. An diesem Herbsttag, wir hatten uns einen Transportanhänger geliehen, regnete und stürmte es fürchterlich.

Mandy, die in ihrem Leben noch nie verladen worden war, probte den Aufstand. Nach ca. 45 Minuten, wir waren alle durchgefroren und nass, war sie endlich auf dem Hänger und wir fuhren zum heimischen Stall. Dort angekommen, wollte ich das Pferd rückwärts vom Hänger führen. Wir wurden von einem Vereinsmitglied darauf aufmerksam gemacht, dass der Pferdeanhänger ein Loch im Boden hatte und Mandy durch das Loch getreten war. Vorsichtig führten wir das Pferd vom Anhänger. Mandy hatte eine ca. 10 cm lange Risswunde, die leicht blutete. Wenn dies während der Fahrt passiert wäre! Nicht auszudenken wie stark sich das Pferd verletzt hätte. Wir hatten also Glück im Unglück.

Allerdings hatte Mandy anschließend ein ziemlich dickes Bein und ca. 3 Wochen Boxenruhe,
die dem Pferd und uns echte Nerven kostete. Man muss sich vorstellen, da hat man ein junges Pferd, das immer mehr oder weniger draußen gehalten wurde, und jetzt ohne Spielgefährten allein im Stall stehen musste. Mandy drehte fast durch. So zerlegte sie die Zwischenwand, die die Boxen von Mandy und Melissa trennte. Diese Wand musste ganz neu hochgemauert werden.

Einen weiteren Nebeneffekt hatte der Transportzwischenfall noch. Mandy ging nicht mehr in die Nähe eines Hängers. Kam man einem Pferdeanhänger zu nahe, stieg Mandy, was zum einem nicht so lustig und zum anderen auch gefährlich war.

Auch machte sich stark bemerkbar, dass Mandy noch nichts kannte. Z.B. keine Reithalle, natürlich auch keine Reithalleneingänge und vor allen Dingen scheute sie vor fremden Pferden. Immer wenn ihr in der Reitstunde ein anderes Pferd entgegenkam, ergriff sie die Flucht. Wir hörten oft von anderen Mitgliedern des Vereins, dass wir das Pferd doch besser verkaufen oder verschenken sollten.

Doch wir gaben nicht auf. Allen voran Julia, die mit Engelsgeduld mit Mandy trainierte.

Und sie schaffte es aus diesem unerfahrenen Pferd ein ganz passables Reitpferd zu machen,
obwohl sie selber ja noch nicht so lange ritt.

So konnten beide, Andrea und Julia, mit ihren Pferden sogar bereits zu Weihnachten bei der jährlichen Quadrille mit reiten. Mit kleinen Rückschlägen musste man aber jederzeit rechnen. So kamen alle Reiter in die Halle und stellten sich auf. Gerade als Julia mit Mandy den Hallenlautsprecher passierten, wurde die Musik eingeschaltet. Mandy buckelte vor Schreck und Julia lag im Sand. Auch andere Pferde erschraken und spielten verrückt.

Der Fehler war, dass man immer ohne Musik trainiert hatte und kein Reiter oder Pferd darauf vorbereitet war. Nach dieser Aufregung lief das Ganze dann aber friedlich und gesittet ab. Das tägliche Training bestand aus dem Erarbeiten von einfachen Reitlektionen, aber viel wichtiger war es dem Pferd Vertrauen zu geben.

So wurden viele Dinge, die anfangs noch Angst und damit Fluchtreflexe beim Pferd erzeugten, langsam zur Nebensache.

Vertrauen zwischen Pferd und Reiter ist die wichtigste Voraussetzung um erfolgreich, und ich meine nicht unbedingt nur turniererfolgreich, mit Pferden arbeiten zu können. Jeder permanent ausgeübte Zwang ermöglicht langfristig keine Arbeitsbasis und führt über kurz oder lang zu Widersetzlichkeiten des Pferdes.

Es gibt leider auch Reiter, die den schnellen Erfolg suchen und den Willen eines Pferdes brechen. Diese Pferde sind dann nicht mehr bereit, selbst mitzuarbeiten und auch mal dem Reiter zu helfen. Das wirkt sich als Langzeitproblem vor allen Dingen bei zu schnell ausgebildeten jungen Pferden aus.

Wir haben in der ganzen Zeit der Pferdehaltung Pferde gesehen, die aufgrund falscher Behandlung oder Ausbildung diverse Schwierigkeiten machten. Es war in der Regel nie das Pferd, das als bösartig oder widersetzlich geboren wurde, sondern immer der Mensch, der durch sein Verhalten die Probleme produziert und provoziert hatte.
Ich will damit nicht behaupten, dass wir alles richtig gemacht haben. Beileibe nicht!
Aber ich denke, dass, wenn Fehler passieren, man daraus nur lernen muss.

Mandy hatte ja durch ihre schlechten Erfahrungen beim Transporter fahren eine unheimliche Angst vor den Anhängern. Also versuchten wir ihr diese Angst zu nehmen. Das geschah zunächst so, dass wir sie, bewaffnet mit einer kleinen Belohnung, immer näher an die Pferdeanhänger führten. Ohne Zwang, ohne das Pferd dorthin zu ziehen. Wir gingen mit ihr am langen Führstrick nur so weit, wie sie auch freiwillig folgte. Mit der Zeit kamen wir ganz an die Anhänger heran. Nun folgte das auf den Hänger gehen. Auch hier, ganz behutsam, ohne zu schreien, ohne zu schlagen, nur mit Lob und Belohnung kamen wir langsam aber stetig voran. Sie ging bis zur Rampe, machte vielleicht noch einen Schritt hinauf, aber dann verließ sie der Mut und sie ging rückwärts wieder herunter. An dieser Stelle brauchten wir ein Hilfsmittel: die Longe.

Diese wurde an einer Seite des Anhängers befestigt und dann von hinten um das Pferd geführt, so dass die Longe ihre Hinterbeine in Höhe der Sprunggelenke leicht berührte.
Diese Berührung führte dazu, dass sie nach oben auf den Hänger ging.
Es folgte wieder ausgiebiges Loben und natürlich die Belohnung. Nach einigen Übungen brauchten wir die Longe nur noch an der einen Seite anbinden, Mandy wusste schon was zu tun war und ging auf den Anhänger. Betonen möchte ich, dass diese erlernte Prozedur, wenn sie mal keine Lust hatte mit dem Transporter zu fahren, immer geholfen hat.
Sehr wichtig war es auch, dass alle Verladeübungen ohne Ratgeber, mögen sie auch noch so „sachkundig" gewesen sein, stattfanden. Schnell waren Bemerkungen wie, „hau doch drauf,

dann geht der Bock schon rauf" gefallen, auf die wir gerne verzichten konnten.

Ein weiteres Beispiel für Vertrauen war, dass zu Weihnachten natürlich ein Weihnachtsbaum in der Reithalle stand. Manches Pferd guckte sich die Augen aus und war nicht bereit an dem „Ungetüm" das dort nicht hingehörte, vorbeizugehen. Ich führte Mandy am langen Zügel zum Baum und an ihm vorbei. Sie folgte mir ohne Angst und holte sich ihre Belohnung ab.

Wenn es hier manchmal so erscheint, dass unsere Pferde immer und überall Belohnungen bekamen, so ist das natürlich falsch. Aber Lob und Belohnung sind ja auch bei uns Menschen die beste Methode um die Freude am Lernen und das Bemühen alles richtig zu machen, aufrecht zu erhalten.

In der nächsten Zeit entwickelte sich zwischen Andrea und Julia der jeweilige Ehrgeiz, besser zu sein als die andere. So fuhren wir, zuerst mit ausgeliehenem Anhänger, später mit dem Eigenen zu kleinen Reitturnieren. Beide Mädchen hatten noch keinen Reitausweis, was bedeutete, dass sie nur in der so genannten Kategorie C starten durften. Beide nahmen an etlichen Reiterwettbewerben mit Erfolg teil. Auch unser jüngste Tochter Eva (vier Jahre)
wollte natürlich reiten. Und so bestritt sie einige Führzügelprüfungen auf einem Großpferd von Freunden und erreichte hier schon erste Erfolge. (in dieser Klasse sitzen die Kinder auf den Pferden ohne selber auf das Pferd einzuwirken) Die Pferde werden geführt. Beurteilt wird der Sitz des Reiters und der gesamte Eindruck, den die Gruppe Führer, Pferde und Reiter machten. An manchen Wochenenden, bei gutem und bei schlechtem Wetter, war so die ganze Familie unterwegs.

Doch unsere Großen waren dann das mehr oder weniger im Kreis herumreiten bald leid. Auch konnte man, allein schon bedingt durch die Abstammung und Veranlagung unserer Pferde nicht unbedingt zwei zukünftige Weltmeisterinnen erwarten. So wollten beide endlich springen.

Julia hatte mit Bonny schon mal versucht über kleine Steilsprünge zu hüpfen. Das ging aber nur bis sie nicht mehr aufgrund ihrer Schwangerschaft springen konnte.

Nun mussten beide Reiterinnen und Pferde alles noch erlernen.

Hier zeigte sich bei Melissa, dass sie nicht unbedingt ein Springpferd war. Andrea hatte es ziemlich schwer ihr Pferd einigermaßen geordnet über ein Hindernis zu bekommen. Da Melissa meistens in vollem Tempo auf den Sprung zu rannte und dann doch oft davor stehen blieb, war es zeitweise schon ziemlich abenteuerlich.

Mandy allerdings war in ihrem Element. Es machte beiden, Julia und Mandy, offensichtlich großen Spaß Hindernisse zu überwinden. Entsprechend kamen beide sehr schnell weiter und konnten bald kleine E-Parcours (Sprünge bis 1,00 Meter hoch und max. 1,00 Meter tief) im Training zu durchreiten.
Allerdings war Mandy ein Halbblut (Traber/Warmblutmix) und dadurch fast ohne die Grundgangart Galopp ausgestattet.
Gerade der Galopp ist eine der Grundvoraussetzung um vernünftig Distanzen (Abstand von Hindernis zu Hindernis) reiten zu können. Hier versuchten wir durch viel Longieren und über Stangen zu galoppieren das Manko wettzumachen. Das gelang uns nur mäßig.
An dieser Stelle sollte man feststellen, dass wir mit unserem heutigen Wissen ein solches Pferd heute niemals kaufen würden. Obwohl man in der Nachbetrachtung sagen muss, dass Julia nichts Besseres hätte passieren können, als mit, auf und von Mandy zu lernen.
Dieses wird durch die zahlreichen späteren Placierungen und Siege bis zur Klasse L unterstrichen.

Was Mandy genetisch nicht mitbrachte, machte sie durch ihren Mut, Einsatzwillen und durch ihre Schnelligkeit mehrfach wett.

Die erste Springprüfung

So war Julia mit Mandy bald so weit ihre erste offizielle
Springprüfung der Klasse E zu absolvieren.
Beim Turnier im Nachbarverein war diese Prüfung
ausgeschrieben. Alle waren sehr aufgeregt. Julia sah sich in
Begleitung der Reitlehrerin den Parcours an.
Dann war es soweit. Beide flogen, schnell wie immer ohne
Fehler über die Hindernisse.
Leider hatte sich Julia in der Aufregung verritten, d. h. sie
übersah, dass ein Hindernis zweimal übersprungen werden
musste. Also ausgeschieden!
Julia war todunglücklich. Auf Bitten der Reitlehrerin bei den
Richtern durfte sie jedoch den
Parcours nach Beendigung der Prüfung ohne Konkurrenz noch
einmal springen.
Null Fehler in der zweitbesten Zeit. Sie wäre bei ihrem ersten
Start auf den zweiten Platz gekommen!
Der Fehler ist ihr später nie mehr unterlaufen.

Bei Andrea stagnierte leider die Entwicklung. Auf der einen
Seite hatte sie es, wie bereits beschrieben, wirklich nicht leicht
mit Melissa, auf der anderen Seite kamen bei ihr andere neue
Interessen dazu. Auch litt sie an einer Pferdeallergie So kam
neben dem vorhandenen Frust das tägliche Überwinden des
inneren Schweinehundes hinzu.
Wir entschlossen uns dazu Melissa zu verkaufen.
Das weitere Training von Melissa bis dahin übernahm Julia.
Nach einigen Wochen, wir hatten in der Zwischenzeit einen
neuen Platz auf einem Bauernhof für unsere Pferde und auch
einen neuen in der Nähe gelegenen Verein gefunden , fanden
wir eine Käuferin. Das Kapitel Andrea und Pferde war vorerst
beendet.

Auf dem Bauernhof waren die Voraussetzungen für Pferdehaltung idealer. Die Pferde wurden ebenfalls morgens und abends gefüttert
und hatten, was uns unbedingt wichtig war, regelmäßigen Weidegang.
Gerade dieser Umstand hatte uns zum Wechsel bewogen.
Auch waren hier die Trainingsmöglichkeiten nicht so zeitlich eingeschränkt, wie in einem großen Verein, wo man sich den Reitplatz mit allen Mitgliedern, die fast zur gleichen Zeit reiten wollten, teilen musste.
Auf dem Hof waren fast ausschließlich Freizeitreiter, die auch gern ausritten und so den Reitplatz nur selten nutzten.
Verschweigen darf man aber nicht, dass uns hier keine Reithalle zur Verfügung stand, was vor allen Dingen bei schlechtem Wetter nicht sehr angenehm war.

Wir konnten hier ungestört trainieren und es zahlte sich in Form erster Turniererfolge aus.
Julia wurde zweite Juniorenstadtmeisterin im Springen der Klasse E.
Sie musste zwei Prüfungen, ein Stilspringen und ein Zeitspringen absolvieren. Sie wurde zweite im Stilspringen und gewann das Zeitspringen. Durch die etwas höhere Bewertung des ersten Springen kam sie dann auf den zweiten Gesamtplatz.
Es folgen viele ähnliche Platzierungen und Julia bereitete sich auf die Prüfungen für den Reitausweis vor, damit sie auch in der nächst höheren Kategorie B starten durfte.
Um die Reitausweisprüfung zu bestehen, musste sie drei Teilprüfungen, Theorie, Dressur und ein Stilspringen jeweils bestehen. Auch hier gab es kein Problem, obwohl Mandy ja für die Dressur nur bedingt geeignet war.

Dann folgte das erste A-Zeitspringen in der Kategorie B und auch hier kam sie auf Anhieb in die Platzierung. Julia war zu diesem Zeitpunkt elf Jahre, Mandy sechs Jahre alt.

Merlin II

Es kam die Zeit, im der auch Eva, unsere jüngste Tochter, endlich selbst reiten wollte.

Sie hatte zwar in der Vergangenheit an einigen Führzügelwettbewerben teilgenommen und nahm auch am Voltigierunterricht teil, aber nun wollte und sollte sie auch auf einem eigenen Pony „richtig" reiten.

Durch Zufall fand der Hofbesitzer ein Inserat im Bauernblatt. Es wurde ein Schimmelpony angeboten. Schnell war er Entschluss gefasst und wir sahen uns das Pony an.

Es handelte sich um einen schönen 5 jährigen Schimmelwallach, mit einem Stockmaß von ca. 140 cm.

Das Pony machte einen sehr guten, lieben Eindruck, was man von der Unterbringung (ich möchte es wirklich nicht als Stall bezeichnen) nicht sagen konnte. Das Pony teilte sich seine „Wiese" mit Schrottautos und anderem Müll. Außerdem stand es ganz allein ohne irgendeinen Spielgefährten.

Das Ganze grenzte schon an Tierquälerei.

Julia ritt den Wallach, so gut es hier ging zur Probe und wir einigten uns mit dem Besitzer schnell auf einen angemessenen Preis. Julia stellte beim Ausprobieren zwar fest, dass sich das Pony nicht unbedingt gut einstellen und damit lenken ließ, aber wir führten das auf den untrainierten Zustand zurück und konnten auch dadurch den Preis ein wenig nach unten drücken.

Am nächsten Tag holten wir „Merlin" - wie auch anders sollte das Pony heißen,- ab.

Eva brannte natürlich darauf Merlin baldmöglichst selber zu reiten. Soweit waren aber weder Merlin noch Eva, wie wir nach den ersten Versuchen feststellen mussten.

Julia hatte mit dem Reiten von Merlin eine weitere Aufgabe, die sie gerne annahm.

Das Pony konnte manchmal ziemlich stur sein und so ritt ihn immer zuerst Julia und dann erst Eva.

Da Julia aber auch mit ihrer Mandy genug zu tun hatte, hatten wir Glück und es fand sich im Verein eine starke Reiterin, die

das Korrekturreiten von Merlin später übernahm. Diese fand dann jedes Mal in der Reithalle des Vereins statt. Dabei

passierte in der Weihnachtszeit Folgendes:
In der Halle stand natürlich, wie es sich gehörte, ein Weihnachtsbaum, dem unsere Merlinreiterin leider etwas zu nahe kam. Im Baum befand sich die obligatorische Lichterkette, die sich in den Hinterbeinen des Ponys verfing. Als Merlin das bemerkte, raste er samt Reiterin solange durch die Reithalle, bis er sich seiner Fesseln wieder entledigt hatte.
Wie schnell dieses Pony auf einmal werden konnte!

Eva machte natürlich ebenfalls reiterliche Fortschritte. Allerdings hatte sich Merlin einige seltsame Dinge angewöhnt. Zum einen konnte er seine Sturheit darin zeigen, dass wenn Eva linksherum wollte, er genau in die andere Richtung lief. Viel schlimmer war, dass er urplötzlich zu buckeln anfing mit dem Erfolg, dass Eva sehr oft mit einem mehr oder weniger gekonnten Salto den Sattel verließ. Dabei hatte Eva die Angewohnheit sich nicht elastisch in der Luft zu ducken und auf dem Boden abzurollen, sondern sie machte ein Hohlkreuz und überschlug sich fast kerzengerade, so lang wie sie war, in der Luft.
Das sah nicht nur sehr komisch aus, es war außerdem sehr gefährlich.
Außerdem wollte Merlin sich oft im Sand wälzen, ohne Rücksicht darauf ob eine Reiterin auf ihm saß oder nicht. Auch das war für Eva eine nicht ganz angenehme Angelegenheit. Aufpassen und rechtzeitiges Abspringen war angesagt.

Das schwere Warmblut Farah Diva

Von Julias Erfolgen angestachelt, wollte Andrea auf einmal auch wieder reiten. Stark unterstützt wurde dieser Wunsch, weil Julia ihr bei einem Turnier tatsächlich ihre Mandy für ein E-Zeitspringen zur Verfügung gestellt hatte. Andrea kam mit Mandy, dem „Turbopferd" auf den zweiten Platz. Das machte Andrea natürlich Spaß. Also fing das Spiel wieder von vorn an.
Die erneute Pferdsuche!
Diesmal nahmen wir uns etwas mehr Zeit. Die Anforderungen waren klar definiert.
Es sollte kein so sensibles und nervöses Pferd wie Melissa sein, lieber etwas mehr Ruhe und vor allen Dingen Ausgeglichenheit musste das Pferd schon mitbringen.
Nach etlichem Ausprobieren fanden wir eine 6 jährige braune Stute. Sie hieß Farah Diva, aber sie war nicht, wie der Name eigentlich vermuten ließ, schlank und rank, sondern Farah war schon ein wenig kräftiger. Das Pferd war sicher nicht so nervös, aber dafür zeitweise sehr stur.
Die Bezeichnung „dickfällig" traf genau zu. Im Umgang mit Farah merkten wir schnell, dass sie nicht gerade gut erzogen war. Sie hatte wenig Respekt vor Menschen. Das zeigte sich z.B. daran, dass sie manchmal die Angewohnheit hatte jeden mit ihrem Körper einfach an die Wand oder Boxentür zu drücken.
Es brauchte schon eine ganze Weile bis man das einigermaßen im Griff hatte. Anfangs musste man sich tatsächlich mit einer Gerte bewaffnen, um sich der Leibesfülle von Farah zu erwehren. Warum Farah so reagierte, konnte man nur ahnen, denn in der Zeit der Rosse kam die Angewohnheit noch stärker zum Vorschein.
Möglicher Weise war es eigentlich ein Zeichen für Hengste ihre Paarungsbereitschaft zu offenbaren. Dieses Verhalten unterstrich die These, dass sie den Menschen nicht als solchen akzeptierte, sondern in ihm nur einen gleichrangigen Artgenossen sah.
Unter dem Sattel war sie recht geduldig. Aber auch hier demonstrierte sie oft ihre Einstellung.

Wenn Farah nicht wollte, so konnte man sich noch so bemühen, sie setzte ihren Willen durch. Während beim Dressurreiten dies nicht so große Probleme machte, zog Andrea, und nicht nur sie, sehr oft beim Springen den Kürzeren. Farah schlug schon

mal eine andere Richtung ein, oder blieb am Sprung stehen. Stehen bleiben war bei ihr besonders beliebt, weil es einem Pferd wohl den größten Spaß macht, aus vollem Galopp stehen zu bleiben, um zu sehen was der Reiter dann macht.
Über einzelne Sprünge ging es meistens gut, aber wenn der ganze Parcours durchritten werden sollte, verweigerte sie oft die Arbeit durch stehen bleiben oder plötzliches Haken schlagen.

Auf der Weide war Mandy von Anfang an, die Leitstute. Farah und Merlin hatten nur eine untergeordnete Stellung.
Während Mandy jedes Pferd vertrieb, dass ihr zu nahe kam, sah man Farah und Merlin fast ausschließlich dicht nebeneinander stehen. Ein komisches Bild gaben die beiden vor allen Dingen dann ab, wenn Farah rossig war. Dann folgte Merlin ihr im Abstand von einem Meter. Das ging Stunde um Stunde so, bis beide wieder im Stall waren.

Da Farah beim Springen diese beschriebenen Schwierigkeiten machte, verließ Andrea langsam endgültig die Lust auf Reiten. Nach langen ergebnislosen Familiendebatten machte es keinen Sinn mehr Farah zu behalten. Wir verkauften sie an unseren Reitverein.
Den Verkauf eines Pferdes an einen Reitverein sollte man sich gut überlegen. Meistens werden die Pferde aus wirtschaftlichen Gründen täglich stark in Anspruch genommen. Sie werden, um sich ihr Futter zu verdienen, mehrere Reitstunden hintereinander 5-6 Tage in der Woche von den unterschiedlichsten Schülern geritten.
Dies geschieht oft ohne Weidetag oder sonstige Pausen.
In dem von mir angesprochenen kleinen Reitverein waren die Bedingungen besser, wenn auch hier nicht optimal. Der Verkauf eines Pferdes ist immer ein Kompromiss zwischen der wirtschaftlichen Seite und dem zukünftigen Wohl des Pferdes.

Hier wussten wir wenigstens, dass die Pferde gut behandelt werden
und konnten das auch kontrollieren.

Grundsätzlich macht sich wohl kaum jemand, der mit dem Reiten anfängt, Gedanken darüber, wie es den Schulpferden eigentlich geht. Aber zum Glück ist bei vielen Vereinen langsam ein anderes Pflegebewusstsein gewachsen. Man muss halt einsehen, dass gute und gut gepflegte Schulpferde ein nicht zu unterschätzendes Kapital und Potential für den weiteren Mitgliederzuwachs sind. Viele Reitschüler kaufen sich später ein eigenes Pferd und bleiben so dem Verein auf Dauer als Mitglied und vielleicht als auch Einstaller erhalten.

Im Bereich der Pensionspferdehaltung verzeichnen alle Vereine die höchsten Gewinne und sichern damit langfristig ihr Überleben.

Den Reitvereinen ist später ein eigenes Kapitel gewidmet.

Amira

Nachdem Eva immer wieder von Merlin durch seine wilde Buckelei gestürzt und Merlin anscheinend von niemand mehr zu reiten war, beschlossen wir auch ihn zu verkaufen.

Geschrieben ist das immer ganz leicht, doch in Wirklichkeit gingen den Entschlüssen viele Tage und manchmal auch Wochen der Diskussion und vor allen Dingen der Tränen und dem Herzeleid unserer Töchter voraus.

Auch meiner Frau und mir schnürte sich bei dem Thema immer der Hals zu. Ein Pferd zu kaufen ist ganz einfach und geht relativ schnell, es zu verkaufen ist schon etwas anderes. Es ist schwieriger und dauert auch in der Regel länger.

Zunächst fanden wir keinen Käufer für Merlin.

Also gingen wir das Problem anders, eigentlich falsch herum, an.

Ich möchte ausdrücklich davor warnen unserem Beispiel zu folgen. Es kann gut sein, dass man schnell ein Pferd zuviel im Stall stehen hat!

Wir versuchten erst ein neues Pony für Eva zu finden und fanden tatsächlich nach einiger Zeit ein Inserat, in dem ein 4-jähriges Rapppony, Stockmaß 144 cm, angeboten wurde. Es gab allerdings zwei Probleme: Erstens wurde das Pony als Kopper angeboten und zweitens war die Stute tragend.

Koppen gilt als so genannter Gewährsmangel. Hier versuchten wir uns kundig zu machen und bekamen die unterschiedlichsten Argumente für und gegen den Kauf.

Koppen ist sicher eine Verhaltensstörung, die, so sagt man, häufig bei intelligenten Pferden und Ponys vorkommt, die Langeweile haben. Das Koppen, es handelt sich um ein ganz bewusstes Herunterschlucken von Luft, ist den Pferden nur sehr selten abzugewöhnen.

Es gibt zwar eine Operation, die diese Unart unmöglich machen sollte, aber der Erfolg dieser OP wird sehr unterschiedlich beurteilt. Auf der anderen Seite gibt es einen so genannten Kopperriemen, der dem Pferd um den Hals geschnürt wird, aber findige Ponys können auch dieses Hilfsmittel austricksen. Das eigentliche Problem sollte allerdings sein, dass koppende Pferde anfällig für Koliken sein sollen.

Alles sehr unterschiedliche und wenig hilfreiche Aussagen.
Um es vorweg zu nehmen, Amira war zwar Kopper, hatte aber
nie eine Kolik oder andere Krankheit.
Das zweite Problem war zurzeit eigentlich keines. Ponys und
Pferde können und sollten sogar, wenn es der
Gesundheitszustand zulässt, bis ca. zum 10. Monat der
Schwangerschaft geritten werden. Also hatte Eva genug Zeit
sich an Amira unter dem Sattel zu gewöhnen.
Die Zeit nach der Geburt bedeutete allerdings eine Reitpause.
Das Fohlen sollte nach dem Absetzen von der Mutter an die
ursprüngliche Besitzerin gehen. Diese wollte sich auch den
Tierarzt,- und erhöhten Futterkosten von Mutter und Kind
beteiligen.
Wir sahen uns die Stute an, kamen mit der Besitzerin bis zu dem
Punkt ins Gespräch, als dass wir ihr sagten, dass wir Merlin erst
noch, schon allein aus Platzgründen, verkaufen müssten.
Sie fragte genau nach und erfuhr von uns die ganze Geschichte
von Merlin. Dabei kam heraus, dass sie sich immer so ein
Schimmelpony gewünscht hatte. Es war ihr Traumpony und sie
wollte ihn unbedingt sehen.
Der Kauf von Amira drohte aber zunächst zu scheitern, da wir
die Rechnung ohne Eva gemacht hatten. Sie weinte, nein sie
schrie, sie wolle sich das Pony nicht ansehen und auch lieber
kein Pony haben, wenn sie Merlin nicht behalten könne. Es
dauerte ziemlich lange bis sie sich einigermaßen beruhigt hatte.
Wenigstens Julia probierte die Ponystute aus und gab ihr
reiterliches OK.
Gesagt, getan fuhren wir in Begleitung der Amirabesitzerin in
den heimischen Stall.
Die Dame war hin und weg. Sie war absolut begeistert von
Merlin und bot uns zu unserer Überraschung ihre Stute
tatsächlich zum glatten Tausch an. Ein sehr starkes Argument
um auf den Tauschkauf, trotz Evas Veto, einzugehen.
Noch am gleichen Tag wurde der Tausch und Umzug der Ponys
vollzogen.

Es war eine der besten Entscheidungen, die wir bis dahin
getroffen hatten.
Nun mussten wir Amira erst richtig kennen lernen. Die Stute war

sehr geduldig und war im Stall, auf der Weide und auch unter dem Sattel sehr ausgeglichen.

Auch hier lief das Training parallel.

Julia ritt Amira zuerst und danach Eva. Auch Eva machte zusehends gute Fortschritte.

Man konnte natürlich das Pony zu stark beanspruchen, aber Amria machte im Großen und Ganzen alles mit, was uns zeigte, dass sie nicht überanstrengt wurde.

Sie vertrug sich auch mit Mandy gut.

Das gelegentliche Koppen im Stall und auf der Weide störte uns nur bedingt.

Dabei setzte sie den Oberkiefer auf z.B. den Futtertrog oder auf einen Weidepfahl und schluckte Luft herunter, die sie dann wieder in Form eines Rülpsers herausließ.

Zum Glück hatte sie nie eine Kolik und war auch sonst nicht anfällig für andere Krankheiten.

Die Zeit verging und der Geburtstermin kam immer näher.

Ca. einen Monat vor der Geburt rief mich die ehemalige Besitzerin von Amira an und teilte mir mit, dass sie aus persönlichen und auch aus Platzgründen das Fohlen nicht nehmen könne.

So war es ja eigentlich nicht geplant, aber wir einigten uns auf einen Preis und beschlossen das Fohlen zu behalten.

Arina

Die Geburt von „Arina" verlief reibungslos und ohne
Komplikationen. Es war ein großes schwarzes Stutfohlen.
(Fohlen werden immer als Rappe geboren).
Arina lernte sehr schnell und hatte das Gemüt von ihrer Mutter.
Nichts konnte dieses Fohlen so leicht erschrecken. Das
Fohlenhalfter bekam sie am zweiten Lebenstag und akzeptierte
es sofort. Dieses Fohlen war ein Traum. Der Vater war ein
Schimmel arabischer Herkunft, der ein Stockmaß von ca. 150
cm hatte. Es war also zu vermuten, dass Arina eine andere
Farbe und Größe als ihre Mutter bekam.
In der Folge entwickelte sich das Fohlen prächtig. Auch Amira
wurde wieder leicht geritten, meistens mit dem Fohlen an ihrer
Seite. Im Alter von 4 Monaten brachten wir Arina auf eine andere
Weide. Dort waren gleichaltrige Spielgefährten. Hier verbrachte
Arina die nächsten 5 Wochen.
Diese Zeit war nötig um sie von ihrer Mutter zu entwöhnen.
Amira schien froh zu sein ihre Tochter los zu sein. Auch sie
brauchte diese Fohlenpause.
Anfangs molken wir Amira noch ein wenig ab, damit sich das
Euter nicht entzündete.
Als Arina dann wieder zurückkam und noch mal bei Amira
trinken wollte, zeigte diese ihr unmissverständlich, dass diese
Zeit nun vorbei war.
Schon in der Absetzzeit fing Julia an, Amira langsam auf das
Springen vorzubereiten.
Zunächst sollte sie über Stangen traben und galoppieren,
anschließen folgte ein kleiner Sprung über ein Kreuz. Es zeigte
sich das Amira sich hierbei besonders geschickt anstellte und
es war klar zu erkennen, dass sie ein großes Springtalent war.
Auch hiermit bestätigte sich wieder, dass der Tausch ein
absoluter Glücksgriff war.

Für Arina machten wir uns nun auf die Suche eine so genannte Fohlenweide zu finden.

So sollte sie einige Monate mit anderen jungen Pferden zusammenleben. Das war wichtig um ihr Sozialverhalten zu fördern.

Sie musste lernen mit anderen Pferden klar zu kommen, d. h. ihren Rang in einer Herde einzunehmen. Wichtig für uns war, dass wir sie besuchen und damit ihre Fortschritte beobachten konnten. Auch hier hatten wir Glück und wir fanden einen geeigneten Platz ganz in unserer Nähe, wo sie die nächsten neun Monate verbrachte.

Während dieser Zeit machte sich Amira im Springen und in der Dressur so gut, dass sie ihre ersten Dressurprüfungen und auch Springprüfungen ging. Eva ritt sie mit Erfolgen in Reiterwettbewerben und Julia ritt sie in E und später auch in A-Springen.

Ihren größten Erfolg hatte Amira mit Julia, als sie an der Kreismeisterschaft für Ponys, Dressur und Springen der Klasse A teilnahm und auf Anhieb den 5. Platz der Gesamtwertung erreichte.

Später hatten wir dann leider die Situation, dass die Reiterinnen weiter wachsen, aber leider die Ponys nicht mehr.

Amira war für die Reiterei unserer Mädchen einfach zu klein. Und so kam der Zeitpunkt, als Amira schweren Herzens verkauft werden musste. Wir fanden schon wegen der Qualität des Ponys schnell eine nette Familie mit zwei Kindern, die sich nunmehr um sie kümmerten.

Parallel hatte Julia mit Mandy Erfolge bis zu Siegen in der Klasse L.

Eva ritt Amira in E-Dressurwettbewerben und später auch E-Springen.

Eines sonntags, Eva war mit mir zu einem Turnier mit Amira gefahren und wollte gerade in die Prüfung einreiten, erhielt ich einen Anruf von meiner Frau, die mit Julia und Mandy zu einem anderen Turnier gefahren war. Hier sollte Julia ein L-Springen reiten.

Vor der Prüfung hatte es sehr stark gewittert und sintflutartig geregnet und dadurch stand der ganze Springplatz unter Wasser. Mandy war hinter einem Sprung umgeknickt und mit Julia gestürzt. Mich erreichte also dieser Anruf und Eva, die natürlich wissen wollte was passiert war, wollte und konnte nicht mehr in die Prüfung einreiten.

Wir brachten Amira nach Hause in den Stall und fuhren anschließend ins Krankenhaus.

Dort erfuhren wir, dass Julia einen Schlüsselbeinbruch erlitten hatte. Der Arzt schätzte eine Heilungsdauer von ungefähr 6 Wochen.(nach ca. 4 Wochen saß Julia schon wieder auf dem Pferd).

Viel schlimmer aber war wohl der Unfall für Mandy gewesen. Körperlich hatte sie nur einige Prellungen und Hautabschürfungen,

aber psychisch wirkte der Sturz viel gravierender nach.

Springen der Klasse L waren mit Mandy von da an nicht mehr möglich. Sie wollte nicht mehr.

Nico

Dieser Umstand bewegte uns für Julia ein neues Pferd zu suchen. Bald fanden wir einen Wallach, der durch seine guten Grundgangarten einen ansprechenden Eindruck hinterließ. Dieser Wallach, er hieß Nico, war von seinen Besitzern, die in eine andere Stadt gezogen waren, auf der einen Seite ziemlich vernachlässigt, auf der anderen Seite sehr stark verwöhnt worden. Wenn sie mal Zeit hatten, das kam wohl leider sehr selten vor, bekam Nico ständig Leckereien. Dadurch hatten wir später die Probleme, dass er Leckereien forderte, sobald jemand in der Nähe war. Bekam er nichts, wurde er aggressiv. Ein „besonderes" Erlebnis war, ihn von der Weide zu holen. Ohne Leckereien brauchte niemand versuchen die Weide zu betreten. Er griff jeden an. Das führte dazu, dass man nur noch mit Futtereimer und Gerte bewaffnet auf die Weide konnte. Sicher hätten wir ein wenig mehr an Zeit und Mühe geopfert, aber zu den beschrieben Unarten kam noch ein weiteres Problem hinzu.

Nico konnte nämlich nur in seiner Box urinieren. Auf der Weide oder gar auf einem fremden Platz war ihm dies unmöglich. Auch das Aufstallen in einer anderen Box, dies versuchten wir mal als wir zum Training zum Verein gefahren waren, brachte keinen Erfolg. Bei einem Turnier mussten wir sogar den Turniertierarzt ein krampflösendes Mittel spritzen lassen.

Nico hatte seinen größten Auftritt mit Julia, als der Reitverein an einem Umzug im Ort teilnahm. Julia ritt Nico, der nicht wie andere Pferde aus dem Reitverein ruhig gespritzt worden war. Beim Umzug selbst tänzelte Nico zwar herum aber das war noch von Julia zu beherrschen. Aber als alle aufmarschierten drehte er durch und galoppierte über den ganzen Versammlungsplatz. Das war absolut kein Spaß, zumal alle Reiter und Pferde am nächsten Tag noch einmal an einem andren Umzug teilnehmen sollten. Mit Nico wäre das unmöglich gewesen. Also nahm Julia für den zweiten Tag unsere Amira mit.

Das Pony verhielt sich wie ein Profi, obwohl Amira so einen Umzug auch noch nie erlebt hatte. Andere Pferde und Ponys spielten verrückt, aber Amira war die Ruhe selbst.

Ein nervenstärkeres Pferd oder Pony haben wir seitdem nicht mehr gesehen.

Alle Ereignisse bestärkten uns im Endschluss Nico wieder zu verkaufen. Wir hatten schnell Interessenten gefunden, die den Wallach ausprobierten. Als Freizeitpferd war er ja geeignet. Beim Ausprobieren trat immer wieder die häufig schlechte Reitausbildung der potentiellen Käufer zu Tage. Das Pferd war gut ausgebildet und reagierte gut auf Schenkel, Kreuz und Handeinwirkung.

(Näheres dazu wird noch in einem späterem Kapitel erklärt)
Wenn also ein Reiter die Beine schloss, war es das Signal für das Pferd nach vorn zu gehen.

Verstärkt man den Druck, wird das Pferd, wie es das gelernt hat, eben schneller. So sahen wir viele unsichere Reiter, die sich mit den Beinen so ans Pferd krallten, dass sie ungewollt den „Turbogang" einschalteten. Im Laufe der Zeit ließen wir nur noch Reiter auf das Pferd, die auch entsprechend Reiten konnten. Dann hatten wir Nico unter der Mithilfe von einem Bekannten und nach entsprechender Provisionszahlung an ihn verkauft.

Durch unsere Erfahrungen mit Wallachen hatte sich eine gewisse Abneigung gegenüber diesen entwickelt. Aber andere Leute sehen dies ganz anders. Sie mögen keine Stuten oder Hengste, weil diese eben auch ihre verschiedenen Charaktere haben.

Sicher ist, dass die eigenen Erfahrungen zu dem jeweiligen Urteil führen und dass dieses Urteil genau genommen nie objektiv sein kann.

Außerdem verweise ich auf den im Vorwort erwähnten Umstand, dass alle Lebewesen, egal welcher Rasse oder Geschlechts, Individuen und damit verschieden sind.

Sunflower

Dadurch, dass Mandy kein Springen der Klasse L mehr gehen konnte, hatte Julia wieder das Problem ein geeignetes Pferd zu finden.

Durch Zufall sahen wir auf einem Turnier ein Verkaufsangebot für ein Pferd, das uns auf den ersten Blick gefiel. Es war eine braune Trakenerstute. Nach der Ankaufsuntersuchung erworben wir diese Stute. Julia kam sehr gut mit ihr klar und so kümmerten wir uns um qualifizierten Unterricht. Wir riefen bei der irischen Nationenpreisreiterin Jessica K. an, erhielten einen ersten Besprechungs,- und Kennenlerntermin und Julia bekam in der Folgezeit in den Genuss von sehr gutem Reitunterricht. Auch konnte Julia Jessica zu einigen internationalen Turnieren begleiten, was ihr natürlich sehr gefiel und sie auch dadurch viel dazulernen konnte.

Reiterlich zeigten sich starke Verbesserungen und Sunflower sprang wie ein Gummiball.

Leider zeigte sie ihr Leistungsvermögen nur auf den Trainingsplätzen. Dort sprang sie alles an Hindernissen, was im Wege stand. Allerdings nur vor und nach den Turnieren. Bei Springprüfungen ritt Julia regelmäßig auf den Platz und danach nach drei Verweigerungen wieder herunter.

Es war nicht zu verstehen und selbst Jessica hatte dafür keine Erklärung.

Was Sunflower an Springvermögen (bis Klasse M) hatte, konnte diese an sich sehr liebe und hübsche Stute, nie auf einem Turnier unter Beweis stellen. Wir versuchten alles. Mehrere Tierärzte sowie auch Kliniken sahen sich die Stute an, doch eine körperliche Einschränkung wurde nicht gefunden. Also alles "nur" die Psyche. Wir probierten vieles aus. Fuhren vor den Turnieren und nach den Turnieren mit Genehmigungen der Vereine zu den Turnierplätzen.

Alle Sprünge wurden einwandfrei von Julia und Sunflower überwunden. Aber auf den Turnieren...

Nach mehr als vier Jahren des Frustes und der Verzweiflung,

musste Sunflower leider in die Hände einer Freizeitreiterin gegeben werden. Diese wurde später von anderen Reitern angestachelt, Sunflower doch mal wieder auf einem Turnier

starten zu lassen (bei Training sprang sie ja alles), aber es blieb auch bei der neuen
Besitzerin nur bei ein, zwei Versuchen, die mit den gleichen (Miss) Erfolgen endeten.
Man musste sich einfach eingestehen, dass Sunflower leider nur ein hervoragendes Trainingspferd war.

Eines haben wir gelernt: Man sollte sicher nicht sofort bei Rückschlägen die Flinte ins Korn werfen, sprich das Pferd umgehend weiterverkaufen. Aber nach angemessener Zeit muss man sich sehr gut überlegen was man will. Turniererfolge mit dem Pferd in absehbarer Zeit erzielen, oder aber freizeitmäßiges Reiten mit aller Freude aber der Konsequenz nicht einen Euro Futter,- und Stallkosten durch Turniererfolge zurückzubekommen.

Champ

Durch die Vermittlung der Reitlehrerin (Jessica) hatten wir schon als Sunflower noch bei uns im Stall stand einen braunen Wallach, der eigendlich zur Pferdeauktion nach Verden gehen sollte, zur Probe. Champ war vier Jahre alt und hatte schon mehrere Platzierungen in Springpferdeprüfungen unter einem starken Reiter erzielt. Bei Springpferdeprüfungen kommt es nicht auf die Zeit, sondern auf die Springmanier an, d.h. wie das Pferd die Hindernisse überwindet.

Bevor wir ihn endgültig kauften, ließen wir durch eine Tierärztin eine Ankaufsuntersuchung machen. Diese bestand aus dem so genannten klinischen Teil (Lungen, - und Herzfunktionsprüfung, Lahmheitsuntersuchung und Beurteilung des äußeren Gesamteindruckes) und der Begutachtung der für die Aktion gemachten Röntgenaufnahmen. Es gab zu diesem Zeitpunkt keinen positiven, d .h. auffälligen Krankheitsbefund.
Champ hatte im Alter von 4 Jahren bereits die stattliche Größe von 180 cm (Stockmaß) erreicht. Er wirkte dadurch sehr imposant, war aber trotzdem gut zu dirigieren und so kamen auch für Julia mit Champ erfolgreichere Zeiten.
In der Folgezeit verbesserten sich de beiden nicht zuletzt durch das kontinuierliche Training bei Jessica. Auch sammelten sie in der ersten Zeit Platzierungen in Springpferdeprüfungen der Klasse A und L. Allerdings gab es auch Rückschläge, die sicher durch unsere gestiegene Euphorie begünstigt wurden. Julia startete auf einem relativ großen Turnier erstmalig in Klasse M, was aber viel zu früh gewesen war und das Ergebnis fiel entsprechend negativ aus.
Es war ein Flutlichtspringen mit sehr hohen Anforderungen für Ross und Reiter und das konnte einfach noch nicht klappen Unter Flutlicht und dann das erste Mal ein Springen der Klasse M, da merkte man schon sehr, dass noch etliche Trainingseinheiten fehlten.
Dies wurde eingesehen und so beschränkte sich Julia weiter auf Starts in den Klassen A und L.
Mit der Zeit wurde Champ sich seiner Kraft immer mehr bewusst und spielte Julia im Parcours manchen Streich. Z.B. bei einem

Springen Klasse L mit Stechen, sprang er ohne Fehler bis zum letzten Sprung (sie wäre dann im Stechen gewesen) doch bei diesem letzten Sprung schlug Champ einen Haken und damit war Julia aus dem Rennen.

Dies einmal gelernt, wurde jedes weitere Springen ein Hoffen und Zittern bis zum letzten Sprung.

Bei guter Form und Laune klappte alles, aber eben nur dann. Es kam dann doch der Zeitpunkt, an dem seine Größe und Kraft immer mehr dazu nutzte den Ausgang eines Springens selber zu bestimmen. Julia hatte einfach nicht die Kraft so eingreifen zu können, dass eine vernünftige Korrektur im Parcours noch möglich war. Die weiter erwarteten Fortschritte und die damit verbundenen Erfolge blieben leider aus.

Hilfe von ihrer Trainerin konnte Julia nur noch sporadisch in Anspruch nehmen, da Jessica nur noch sehr wenig auf der eigenen Reitanlage war. Sie war immer irgendwo in der Welt unterwegs und gewann hoch dotierte Springen, wurde Europameisterin und erreichte zeitweise den Platz 2 in der Weltrangliste der Springreiter. Regelmäßiges Training war dadurch bei ihr nicht mehr möglich.

Natürlich gab es auch bemerkenswerte Dinge von Champ zu berichten.

Wir hatten uns in der Zwischenzeit einen Pferdetransporter für drei Pferde zugelegt.

Mit diesem waren wir zu den Turnieren und zum Training unterwegs. Champ hatte eine Angewohnheit, die er bereits während der Fahrten mit einem einfachen Pferdeanhänger gezeigt hatte: Er setzte sich mit seinem Hintern auf die Sicherheitsstange und verbrachte so jede Fahrt im Sitzen. Das Ganze wäre nicht so schlimm gewesen, wenn er nicht beim Öffnen des Hängers und der Stange immer vom Pferdeanhänger rückwärts geschossen wäre.

Im Pferdetransporter machte er allerdings das gleiche Spiel. Als wir eines Tages zum Training fahren wollten, Champ stand in der Mitte und die beiden Stuten, Mandy und Sunflower jeweils daneben, setzte er sich auch hier auf die Abschlussstange.

In einer Kurve verlor er sein Gleichgewicht und rutschte zunächst von der Stange und fiel im Transporter um. Dabei verlor Mandy ebenfalls den Stand und fiel auf Champ. Sunflower stand wie angewurzelt. Wir hielten den Transporter an und Mandy stand als erste ganz vorsichtig ohne Champ zu verletzen auf. Danach fand auch Champ seinen Stand wieder und wir konnten alle drei Pferde in Ruhe abladen. Bis auf den ersten Schreck war nichts passiert. Auch später zeigte keiner der Drei Angst den Transporter wieder zu besteigen. Wir ließen ihn umbauen und konnten damit ein weiteres Hinsetzen von Champ verhindern.

Aus den Erfahrungen vor allen Dingen mit Sunflower entschlossen wir uns (wieder schweren Herzens) Champ zu verkaufen.
Wir hatten einige Anfragen und so ritten einige Reiterinnen Champ zur Probe. Aber auch hier zeigte sich, dass Champ sich wohl eher für einen stärkeren Reiter, als für eine Reiterin eignete.
Nach einigen Wochen bekamen wir ein Angebot von einem Turnierstallbesitzer aus einer Nachbarstadt. Nach erstmaligem Probereiten vereinbarten wir Champ 4 Wochen zur Probe dort zu lassen. Ferner zeigte man uns eine junge Stute, die wir evtl. bei weiterem Interesse zum Tausch für Champ haben könnten.
Nach der Probezeit wurde eine Ankaufsuntersuchung gemacht, die aber eher für uns und Champ schlecht ausfiel. Man sah auf den Röntgenbildern Chips.
Diese Chips sind Knochenstücke, die an Stellen sitzen, wo sie normalerweise nicht vorhanden sind. Es sind bei Pferden häufig vorkommende Befunde, die an sich keine Probleme machen.
Es besteht allerdings grundsätzlich die Gefahr, dass diese Knochenstückchen wandern und evtl. dadurch später Beschwerden verursachen oder in Ausnahmefällen sogar bei Lagen in der Nähe von Gelenken zur Gebrauchsunfähigkeit eines Pferdes führen können.
Dieser für uns neue Befund machte uns zunächst ziemlich ratlos,
da wir ja zwei Jahre vorher bei unserer in Auftrag gegebenen Ankaufsuntersuchung von keinerlei Chips erfahren hatten.
Wir fühlten uns auch von der Ärztin falsch informiert und betrogen.
Nach einigen Verhandlungen kamen wir aber dennoch zum Vertragsabschluss und bekamen neben der vorgenannten

jungen Stute noch eine zusätzliche Kaufpreiszahlung.

Champ und die Stute Caprice wechselten die Besitzer.

Caprice

Der bisher beste Griff war die Inzahlungnahme der jungen Stute Caprice.

Diese musste allerdings noch erst von Julia ausgebildet werden. Dabei war diese Stute so sehr lernbegierig, dass es uns beinahe so vorkam, als wenn es täglich Ausbildungsfortschritte gab.

Zuerst lernte Caprice geradeaus zu laufen. Das ist für ein junges Pferd mit dem Reiter auf dem Rücken nicht so leicht.

Die nächsten Schritte waren dann das Annehmen der Schenkelhilfen, d.h. das Pferd musste lernen auf die Schenkel richtig zu reagieren, und das Gehorchen auf die Zügelhilfen (Paraden).

Es war einfach eine Freude beiden zuzusehen und es dauerte nicht lange dann konnte Julia die ersten Springlektionen beginnen.

Nachdem Caprice gerade beim Springen eine ausgezeichnete Figur machte und diese Leistungsbereitschaft konstant zeigte, fuhr Julia mit Caprice zu den ersten Turnieren. (Springen der Klasse A) Es verging kaum ein Turnierwochenende, an dem beiden keine Platzierung gelang. Etwas später wurden die Turnieranforderungen mit der Klasse L gesteigert. Auch hier stellten sich die gewünschten Erfolge schnell ein.

Es ist natürlich abzuwarten aber ich bin sicher, dass hier ein bei weitem noch nicht ausgeschöpftes Potenzial vorhanden ist. Beiden gehört die Zukunft und es werden sich auch Erfolge in Springen der Klasse M einstellen.

Bella

Nachdem wir Amira verkauft hatten, übernahm Eva Mandy von
Julia. Eva gewann mit Mandy noch manches Springen bis zur
Klasse A. Im Alter von 16 Jahren ging Mandy dann in Rente auf
die Weide und erfreut sich bis heute noch ihres Lebens.

Danach kauften wir Bella, eine braune Stute, die gerade ihr
Fohlen verloren hatte. Ich kann zum Kapitel „Bella" eigentlich
nicht viel sagen, nur, dass Bella sicher zu den größten
Fehlkäufen gehörte, die wir uns geleistet hatten.

Costa Rica

Nach Bella kam Costa Rica. Eine schwarzbraune Stute mit sehr
guter Abstammung. Eva kam zunächst ganz gut mit ihr zurecht.
Dressur und Springarbeit klappten einigermaßen und auch beim
ersten A-Springen sprang für beide sofort eine Platzierung
heraus.
Mit der Zeit zeigten sich aber gewisse Angewohnheiten der
Stute, die das Reiten mit Costa Rica zum Teil lebensgefährlich
werden ließ. Wenn die Stute nicht dorthin gehen wollte, wohin
Eva sie lenkte, widersetzte sie sich durch steigen.
Das war deshalb so gefährlich, weil dabei immer die Möglichkeit
eines Rückwärtsüberschlages bestand.
Alle Tricks und Maßnahmen halfen nichts. Wenn man nichts von
Costa Rica verlangte und nur so dahinzottelte, funktionierte das
Reiten ohne Probleme.
Aber wehe Costa Rica sollte arbeiten, dann ging das Rodeo los.

Auch hier erkannten wir relativ schnell den Fehlgriff und
verkauften die Stute an eine Freizeitreiterin, die die
Schwierigkeiten nicht hatte.

Jolly Jumper

Unsere Erfahrungen mit Ponys habe wir zu dem Zeitpunkt fortgesetzt, als wir beschlossen hatten, dass Mandy nicht mehr bei Turnieren eingesetzt werden sollte.

Unsere Überlegung war, Mandy nicht allein auf der Weide oder im Stall stehen zu lassen, wenn die anderen Pferde zum Turnier sollten. Mandy ist eine sehr herdenbezogene Stute, die es nicht gewohnt war ohne ein weiteres Herdenmitglied zu sein.

Zunächst hatten wir die Idee ein Schaf oder eine Ziege als Gesellschaft anzu- schaffen. Letztlich sahen wir uns lieber Ponys an, deren Naturel wir ja kannten. Nach einigen Anläufen fanden wir ein passendes Pony.

Ja, jedenfalls dachten wir es. Wir hatten nämlich einen kleinen Hengst gekauft.

Ein lieber kleiner Shetlandponyhengst, der allerdings sehr schnell verstand unsere Herde aufzumischen.

Jolly Jumper, so hieß er, behauptete den größten Teil der Weide für sich und den Rest mussten sich die Stuten teilen.

Er machte sich einen Spaß daraus, die Stuten vor sich her zu treiben.

Diesem Treiben setzten wir aber bald ein Ende. Wir mussten die Pferde trennen. Die Stuten bekamen eine Weide für sich und Jolly Jumper die Weide direkt nebenan. Dadurch hörte das wilde Jagen auf. Allerdings verbrachte er fast den ganzen Tag damit, seine Stuten zu bewachen und lief stundenlang am Zaun hin und her.

Der Umgang mit ihm war für uns am Anfang auch nicht so leicht, wie wir es uns vorgestellt hatten. Er zeigte uns schon, dass er ein Hengst war und stieg anfangs beim Führen. Es ging auch schon mal in die andere Richtung, wenn er es so wollte. Aber mit Geduld und Einfühlungsvermögen wurde aus ihm ein ganz passabler kleiner Kerl, der uns bald gehorchte.

Eva versuchte ihn dann auch mal zu reiten. Es war ein Bild für die Götter. Jolly hatte ein Stockmaß von ca. 105 cm und Eva konnte mit den Füßen den Boden berühren. Es war zwar noch reiten, aber irgendwie dann doch nicht mehr. Eva hatte immer Unsinn im Sinn und so dauerte es nicht lange und Jolly Jumper sprang mit ihr auch noch über kleine Hindernisse.

Diese Späße machte Eva aber nur ein paar Mal. Für Jolly war es eine Abwechslung vom Alltag.

Wir dachten darüber nach, wie wir sein Leben etwas interessanter

gestalten konnten. So kamen wir auf die Idee ihn vor eine Kutsche zu spannen. Das musste natürlich trainiert werden, denn er kannte das ja noch nicht. Wir besorgten uns zuerst eine Kutsche und Zaumzeug.

Auch das war nicht so einfach, denn alles sollte ja auch passen. Die Kutsche musste die richtige Größe und das richtige Gewicht haben und das Zaumzeug sollte ihm auch genau passen.

Nachdem wir uns erstmal in die Materie eingelesen hatten, besorgten wir uns die Utensilien.

Zunächst passten wir ihm das Zaumzeug an. Das funktionierte entgegen unseren Erwartungen sehr gut. Damit gingen wir dann immer wieder mit Jolly spazieren. Schnell gewöhnte er sich an die ungewohnten Lederteile, die nicht nur an seinem Kopf befestigt waren, sondern auch unter dem Bauch und links und rechts neben ihm verliefen.

Bald konnten wir ihn richtig mit den langen Zügeln lenken.

Die Kutsche musste aber noch etwas aufbereitet werden und so dauerte es doch ein paar Wochen bis wir an ein Anspannen denken konnten. Leider kam mir in dieser Phase eine schwere Knieoperation dazwischen, die alle Pläne zunichte machte.

Ich konnte Jolly nicht mehr trainieren und auch das Fahren mit der Kutsche war nicht mehr möglich.

Auch hatte sich die Turniersituation geändert und wir brauchten kein Beistellpferd für Mandy mehr.

Wir hatten ein Pferd zu viel im Stall und das war leider Jolly Jumper.

Relativ schnell fanden wir ein neues Zuhause für ihn.

Neue Besitzer, die ihn weiter fordern und fördern konnten.

Einige Zeit später bekamen wir Fotos von Jolly und seinen neuen Pferdekameraden, die genau dies dokumentierten.

Bayz

Dann kam Bayz in unseren Stall. Den braunen Wallach probierte Eva mehrere Wochen bei seiner Besitzerin aus.
Wir fuhren zeitweise täglich mehr als 10 Km zur Reitanlage, wo Bayz seinen Stall hatte und sich hervorragende Trainigsmöglichkeiten mit Reithalle, Außenspring, - und Dressurplätzen sowie einem Geländetrainingsplatz mit festen Sprüngen befanden.
Bayz war zwar bereits 16 Jahre alt, aber er hatte Erfahrungen und Springerfolge auf internationalen Turnieren gesammelt.
Nach erfolgten Pferde TÜV (allgemeiner Begriff für die tierärztliche Ankaufsuntersuchung) machten wir den Kaufvertrag.

Zu Hause angekommen, stellten wir zunächst fest, dass der Wallach ziemlich dominant war und seine Stuten von einer Ecke in die anderen scheuchte.
Das legte sich aber nach einiger Zeit, wenn auch nicht vollständig.
Die ersten Hallenturniere (es war Winter) brachten zwar noch keine Platzierungen, aber man sah dass beide ganz gut zusammen passten.

Dann im Mai erreichten beide den ersten Sieg im Springen Klasse A.
Von da an ging es bergab.
Zuerst verletzte sich Bayz so schwer, dass wir schon mit dem Schlimmsten rechneten.
Kniebruch, Bänderrisse und auch andere Brüche, oder Muskelverletzungen standen in der näheren Diagnoseauswahl.
Zwei Tierärzte und eine Tierklinik schafften es dann innerhalb eines Jahres das Pferd wieder so hin zu bekommen, dass es wieder belastbar war. Wir spekulieren bis heute noch wie es zu dieser Verletzung gekommen konnte. Eine der beiden Stuten musste ihn auf der Weide getreten haben.

Dann scheuerte er sich mit seiner Stalldecke den Widerrist so auf, dass mehrere Monate vergingen bis die Wunde wieder zugeheilt war.

Anschließend, wir waren mit unseren Pferde ganz in die Nähe unsere Wohnhauses gezogen, wurde er von einem anderen Pferd angegriffen und verletzt, dass wieder ein Tierarzt die Versorgung der Wunden übernehmen musste, was wieder viel Zeit und Geld kostete.

Auf den Arztkosten blieben wir sitzen, weil sich die Besitzerin des Angreifers zuerst zwar daran erinnerte, dass sie eine Tierhaftpflichtversicherung hatte, aber später den gesamten Vorgang vergessen hatte.

Reitverein mit Halle oder Bauernhof

Um die Vor und Nachteile miteinander abzuwägen, sollte man sich erst einmal Gedanken darüber machen, was man will und welche Ansprüche man an sich und das Pferd stellt.
Im Sommer gibt es sicher keine bessere Haltungsmöglichkeit als ein luftiger (nicht zügiger) Stall auf einem Bauernhof, wo auch regelmäßiger Weidegang gewährleistet ist.
Wenn hier, was in den meisten Fällen zutrifft, auch noch ein Reitplatz zur Verfügung steht, dann werden sich Pferd und Reiter sicher wohl fühlen können.

Regelmäßigen Weidegang halte ich für absolut wichtig für das Wohlbefinden und die Ausgeglichenheit eines Pferdes.
Genauso ist der Kontakt zu anderen Pferden notwendig.
Das Pferd ist ein Herdentier und diese Herde kann der Mensch auf keinen Fall ersetzen.
Wir können Freund und Trainingspartner sein, aber nie Artgenosse.

Die Unterbringung eines Pferdes ist natürlich mit Kosten verbunden, die allerdings auf dem Bauernhof noch relativ niedrig sind. Man hat hier häufig die Möglichkeit zwischen Voll, - und Halbpension und Selbstversorgung zu wählen.
Vollpension beinhaltet meistens die Fütterung und auch das Ausmisten der Box. Ferner gehört der schon beschriebene regelmäßige Weidegang dazu.
Unter Halbpension versteht man dann nur Teile der Dienstleistung entweder nur füttern oder nur misten, usw.
Fast alles ist verhandelbar und eine Kostenfrage.
Reine Selbstversorgung bedeutet: man muss füttern, misten, die Pferde auf die Weide stellen und hätte dann der Vorteil der Kosteneinsparung, obwohl natürlich die Kraftfutter, Stroh, - und Heukosten auch berücksichtigt werden müssen.

Im Winter kommen dann leider bei der Unterbringung auf dem Bauernhof zeitweise massive Probleme auf Pferd und Reiter zu. Bei länger anhaltendem schlechtem Wetter ist Reiten auf den Außenplätzen kaum möglich. Der Turnierreiter wird sich dann möglichst in der Nähe eine Halle zum Training suchen müssen.

Was wieder mit weiteren Kosten verbunden sein wird.
Auch sollte man beachten, dass die Turnierpferde noch vor dem Winter wenigstens teilweise geschoren sein sollten, weil diese sonst nach dem Reiten und dadurch bedingten Schwitzen einige Zeit im Schritt weiterbewegt werden müssen, um später nicht durchnässt in den kalten Stall gestellt zu werden.

Der Vorteil liegt im Winter natürlich bei der Unterbringung eines Pferdes beim Reitverein.
In der Regel sehr gute Trainingsmöglichkeiten, keine Anfahrtswege und eine Versorgung, die dem Pferdebesitzer auch zeitlich entlastet, machen hier für die Entscheidung pro Verein Bonuspunkte.
Allerdings hat dieser Service letztlich auch seinen (höheren) Preis.

Grundsätzlich ist das Reiten im Reitverein aus unterrichtstechnischer Sicht sicher dem (allein)Reiten auf dem Bauernhof vorzuziehen.
Hier bekommt man Hilfestellung und Reitunterricht und kann eben ohne auf gutes Wetter angewiesen zu sein, immer dann reiten, wenn man die nötige Zeit hat.
Natürlich gibt es auch auf den Höfen Personen, die den Reitneuling unterstützen und ihm auch die ersten Schritte beibringen können, aber das ist natürlich immer von Fall zu Fall zu beurteilen.
Der Reitverein bietet noch mehr. Mit der Aufnahme in einen Reitverein hat man auch gleichzeitig eine Unfallversicherung und man kann nur als Mitglied eines Vereins die Reitausweisprüfungen absolvieren.

Die Mitgliedschaft im Reitverein ist die Voraussetzung, um an Turnierprüfungen ab der Klasse E teilnehmen zu können. Der Reitausweis berechtigt zur Teilnahme ab der Klasse A.
Nach welchen Kriterien sucht sich der Anfänger nun den richtigen Reitverein, wenn die Entscheidung zumindest dafür bereits gefallen ist?
Zunächst sieht man sich einmal den Verein als neutraler Besucher an. Wie sind die Pferde untergebracht?

Wer gibt den Reitunterricht und wie verhält sich der Reitlehrer, die Reitlehrerin gegenüber den
Schülern und wie läuft der Unterricht überhaupt ab? Wird erklärt oder nur an der Reitweise der Schüler herum gemeckert und herum geschrien?
Bei der Gelegenheit sollte man auch den Zustand der Schulpferde begutachten. Sind diese gut genährt, oder sehr mager?
Lahmt vielleicht ein Pferd oder Pony während des Unterrichts? Wie werden diese Pferde von den Reitern und dem Reitlehrer behandelt?
Wie sehen die Stallungen und die Boxen der Privatpferde aus?
Man bekommt einen ersten Gesamteindruck, der mit einem zweiten Besuch bestätigt oder eben korrigiert werden sollte.
Erst dann sollte man bei grundsätzlichem Gefallen einen Termin mit einem für den Verein zuständigen Mitglied machen um alles weitere zu erfahren und zu besprechen.

Mit den gleichen Kriterien würde ich mir ebenfalls die entsprechenden Bauernhöfe ansehen und wie gerade erläutert verfahren.
Lassen Sie sich am besten von einem Pferdekenner mit entsprechender Erfahrung beraten.

Pferdekauf
ist Vertrauenssache

Ein ernstzunehmendes Problem ist die Suche nach einem
passenden Pferd oder Pony.
Wenn man anfangs von der Materie wenig Ahnung hat, so ist
die Unterstützung durch erfahren Pferdeleute sicher nicht
falsch.
Und es werden sich immer Leute finden, die uns bei der Suche
danach zur Seite stehen wollen.
Die Gefahr liegt nur leider genau darin, - in der so genannten
Hilfe. Denn oft sind unsere netten Helfer Mitkassierer, die sich
ihren Dienst, von uns nicht erkennbar, bezahlen lassen.
Herauszufinden wer es nur ehrlich mit uns und nicht eher mit
seinem Geldbeutel meint, ist nicht leicht.

Schaden kann es aber auf keinen Fall einen erfahrenen Reiter
mit zu nehmen, um sich von ihm beraten zu lassen.
Grundsätzlich ist es immer besser jemanden mit Pferdeverstand
und Reiterfahrung auch zuerst das zu begutachtende Pferd
reiten zu lassen.
Erst wenn das klappt, sollte man sich als Anfänger in den Sattel
schwingen.

Probieren Sie das Pferd nicht ein Mal, sondern mehrmals aus.
Und lassen Sie es auch mehrfach vorreiten.
Ein Pferd ist schnell gekauft, aber verkaufen ist ungleich
schwerer und langwieriger.
Und noch eins: Ein gutes Pferd kostet genauso viel an
Unterhalt, wie ein schlechtes.
Wobei ich bemerken möchte, dass wahrscheinlich gar kein
richtig schlechtes Pferd, sondern nur viele für uns unpassende
Pferde gibt.
Es muss halt alles passen, der Reiter zum Pferd und umgekehrt.
Für den Anfänger gilt, besser ein erfahrenes Pferd als ein
unerfahrenes, junges Pferde kaufen.

So kann der Reiter noch viel von dem Pferd lernen und
außerdem verzeihen erfahrene Pferde Fehler viel eher, wobei
unerfahrene Pferde diese Reiterfehler noch nicht einordnen und

so auch nicht gelassener darauf reagieren können.
Natürlich sind junge noch nicht so lange und gut ausgebildete Pferde viel preiswerter.
Man hat ja auch bisher noch nicht viel Zeit und Arbeit in die Pferde stecken können.
Viele Pferdeleute sind der Meinung, dass das Pedigree, gemeint ist die Abstammung, das A und O für die Beurteilung und damit die Qualität des Pferde ist.
Sehr häufig stellt man aber nach einiger Zeit fest, dass das Wunderabstammungspferd nicht den eigenen Ansprüchen und Erwartungen entspricht.

Eine gute Abstammung kann keine alleinige Garantie für Qualität sein, denn Lebewesen werden auch durch eigene Erfahrungen und Beeinflussung durch die Umwelt geprägt. Die Abstammung schafft zwar die Voraussetzung für bestimmte Eigenschaften, aber ob diese sich auch später durchsetzen und zeigen, wissen wir nicht.
Unsere eigene Erfahrungen und Erlebnisse mit Pferden spiegelten genau diese Aussagen ebenfalls wieder.

Auch bei uns Menschen kann man dies immer wieder beobachten.
Die Kinder von Professoren müssen und können später nicht zwangsläufig ebenfalls den gleichen oder ähnlichen Beruf wie ihre Eltern ergreifen.

Ausbildung von Pferd und Reiter.

Wenn man sich wirklich aus Kostengründen für ein jüngeres Pferd, entschieden hat, dann kommt man als ungeübter Reiter sicher nicht daran vorbei, jemand das Pferd zusätzlich reiten zulassen, der die nötigen Kenntnisse im Ausbilden eines jungen Pferdes hat.
Ich warne hier jeden Anfänger davor, sich allein an diese Aufgabe heranzuwagen.
Auch gestandene Reiter sind nicht alle in der Lage Pferde so tier,- und pferdegerecht auszubilden, dass das Pferd später so an den Hilfen (Hand -, Po-, Schenkelhilfen) steht, dass es die Kommandos eindeutig erkennt und umsetzen kann.
Schnell hat man ein Pferd so verritten, dass es sehr viel Mühe und Geld kostet es wieder „normal" reitbar zu machen.
Und ist es erst einmal so schlimm, dass das Pferd steigt, durchgeht, klebt (nicht mehr weitergeht) oder andere Verhaltensweisen wie schlagen oder beißen zeigt, dann hat man sich Probleme geschaffen, die wirklich schwer wieder zu korrigieren sind.
Auch das waren Situationen, die wir leider selber kennen gelernt haben.

Ich möchte es einmal mit einem Vergleich sagen.
Wenn ein Erstklässler in der ersten Klasse einen Lehrer hat, der nicht in der Lage ist dem Kind Freude am Lernen zu vermitteln, dann wird dieses Kind für lange Zeit sicher nur sehr unwillig lernen.

Genau so wichtig ist natürlich die Ausbildung des Reiters.
Dazu gehört das Abteilungsreiten, wie der Einzelunterricht.
Das Abteilungsreiten ist wichtig, da für Pferd und Reiter eine Herdensituation geschaffen wird. Das Pferd wird sich auch auf die anderen Pferde konzentrieren und so muss der Reiter sich möglichst einfühlsam durchsetzen

Erfahrungen mit Krankheiten und Verletzungen

Zum Glück sind wir, wenn man den gesamten Zeitabschnitt von über 20 Jahren betrachtet von Pferdekrankheiten weitgehend verschont geblieben.

Als Krankheit kann ich mal eine Kolik bei Mandy und das eine oder andere Hufgeschwür, was aber in den letzten Jahren überhaupt nicht mehr aufgetreten war.

Die Symptome für eine Kolik sind starke Unruhe und schwitzen sowie wälzen, ständiges nach dem Bauch Umsehen und auch das Treten gegen den Bauch.

Die Kolik wurde damals mit 10 l Glitzerinlösung, eingeführt mit einem Schlauch durch die Nase bis in den Magen, und einigen Buskopanspritzen behandelt. Eine Kolik ist eine sehr ernst zunehmende Krankheit, bei der das Pferd im Darmtrakt, (30 Meter lang) eine Verstopfung hat, die wenn sie nicht behandelt wird, auch zum Tod des Pferdes führen kann.

Ein Hufgeschwür kündigt sich durch starke Lahmheit und Wärme

im entsprechenden Huf an. Der Tierarzt drückt den Huf mit einer Hufzange ab um so den genauen Entzündungsherd festzustellen.

Nach der Lokalisierung wird der Huf bis zum Geschwür geöffnet, damit Eiter abfließen kann. Nach ca. zwei bis drei Tagen sollte der Huf verheilt und wieder belastbar sein.

Ein Geschwür anderer Art hatte Champ einmal an der Unterseite des Kiefers. Auch hier musste der Herd geöffnet werden (kleiner Schnitt) und dann die eitrige Wunde mehrere Tage offen versorgt werden.

Man muss beachten, dass eine Entzündung, gleich welcher Art beim Pferd immer sehr dramatisch aussieht. Man darf sich nicht verrückt machen und man muss die Ruhe bewahren.

Sehr dramatisch war dann allerdings eine Situation als Melissa einmal eine sehr starke Allergie bekam. Woher ist bis heute ein Rätsel.

Auf jeden Fall war der gesamte Kopf angeschwollen, sie bekam kaum noch Luft, und der Tierarzt nahm sich sehr viel Zeit bis er auftauchte. Dann beeilte er sich dann doch, Melissa lag bereits auf dem Boden, und er spritzte ihr Kortison, Kalzium und ein Kreislaufmittel. Die Allergie klang ab und alles war wieder in Ordnung.

Eine wirklich schwere Verletzung hatte dann Mandy mit 16 Jahren, als sie über einen Zaun sprang und sich den Huf bis zum Hufbein (Knochen)aufriss. Das Blut floss in Strömen. Der herbeigerufene Tierarzt konnte nichts machen und so fuhren wir in die Klinik. Dort wurde Mandy am nächsten Tag operiert und musste anschließend 5 Tage in der Klinik bleiben. Es dauerte noch drei Monate bis Mandy ohne Gips ihren Huf wieder voll belasten konnte. Bis heute gab es glücklicherweise keine Komplikationen damit.

Eine Schrecksekunde hatten wir, als wir einmal einen Anruf bekamen, unsere Pferde wären ausgebrochen. Schnell fuhren wir zum Stall und sahen von weiten schon die Polizei. Wie wir dann berichtet bekamen, waren zwei Pferde ausgebrochen, weil eine Pferdebesitzerin ihr Pferd von der Weide holen wollte und dabei das Hoftor auf gelassen hatte. Mandy und die andere Stute waren dann vom Hof auf die Straße gelaufen. Im gleichen Augeblick kam ein Auto angefahren und Mandy prallte mit den Hinterbeinen gegen einen Kotflügel, während das andere Pferd nicht mehr ausweichen konnte, erst auf die Motorhaube, dann gegen die Windschutzscheibe sprang und anschließend auf der anderen Seite des Auto herunter rutschte.

Der Fahrer kam zwar mit dem Schrecken davon, aber es hätte sehr schlimm, ja sogar tödlich ausgehen können, wenn die Scheibe nicht gehalten hätte und das Pferd in den Innenraum gerutscht wäre. Am Fahrzeug entstand ein Totalschaden, der durch die Pferdehaftpflichtversicherungen reguliert wurde. Mandy hatte an den Beinen diverse tiefe Schnittwunden, die wiederum durch den Tierarzt genäht und dann weiter behandelt werden mussten.

Es mag dem Leser jetzt so vorkommen, dass diese Unfälle oder

Krankheiten den normalen Alltag darstellen.
Das ist natürlich nicht so, denn man muss berücksichtigen, dass die geschilderten Episoden sich in einem Zeitraum von mehr als 20 Jahren ereigneten.

Es ist immer wieder ein Thema zwischen Pferdeleuten, was machst du, wenn die Behandlungskosten den Wert eines verletzten Pferdes übersteigen?
Die Antwort ist bei Profis ganz klar: das Pferd wird geschlachtet und bringt dann noch ein paar Euro.
Für uns stellte sich zum Glück nie diese Frage, obwohl die Behandlungskosten Mandys ihren materiellen Wert sicher überstiegen.
Für uns stand und steht immer im Vordergrund, dass unsere Pferde mit zur Familie gehören und sich somit die Abwägung von Kosten und Einnahmen erübrigte.
Niemand würde doch ein Familienmitglied töten lassen, weil die Kosten für die Behandlung zu hoch sind.

Wenn wirklich ein Pferd so verletzt oder krank wäre, dass ein tiergerechtes Leben nicht mehr, oder nur unter Schmerzen möglich wäre, dann dürfen unsere Pferde nicht geschlachtet werden, sondern würden human (sofern man das so nennen kann) vom Tierarzt nach erfolgter Betäubung, eingeschläfert.

Eine Erklärung über das generelle Schlachtverbot unserer Pferde ist Bestandteil jedes unserer Pferdeausweise.

Erlebnisse mit Tierarzt und Physiotherapeut

Einen guten Tierarzt zu finden ist ein Kunststück.
Eines ist dabei ganz klar: es gibt ihn nicht, den für alles und für
alle guten Tierarzt.

Der eine Besitzer hat gute Erfahrungen mit Tierarzt Dr. X
gemacht, während ein anderer genau das Gegenteil erlebt hat.
Es ist also mehr oder weniger eine sehr subjektive Sicht, die
das Urteil gut oder schlecht ausfallen lässt.
Richtig ist allerdings auch, dass man als Pferdehalter einen
Tierarzt braucht.
Turnierpferde müssen alle sechs Monate geimpft werden und
das muss eben ein Tierarzt machen. (Vorschrift der FN
(Deutschen Reiterlichen Vereinigung)).
Freizeitpferde sollten allerdings ebenfalls geimpft werden,
wobei grundsätzlich eine jährliche Impfung ausreichen ist.

Wir haben leider die Erfahrung gemacht, dass immer dann,
wenn wir den Tierarzt brauchten, er in Urlaub oder sonst wo
war.
Bei den beschriebenen Unfällen und akuten Krankheiten
unserer Pferde waren wir jedes Mal auf einen anderen Arzt
angewiesen. Das war nervig und dauerte auch teilweise ziemlich
lange bis der Arzt dann da war und helfen konnte.
Dieser nahm danach auch die Weiterbehandlung vor.
Meistens war dann aber auch die Rechung entsprechend hoch.

Wenn man die Tierärzte beschreiben soll, dann gab es den
Ängstlichen, der sich nur mit Abstand an ein Pferd traute.
Dann den Überleger, der sich das Problem ansah, dann zum
Wagen ging und mich dann nach meiner Meinung fragte.
Mit meinem Diagnosevorschlag schnell einverstanden, fing er
umgehend mit der Behandlung an.
Zuletzt lief uns häufig der Ratlose über den Weg, der alles
probierte um letztlich keine Verbesserung zu erreichen.
Ach ja, und dann sind noch die Physiotherapeuten zu nennen,
die entweder mit Holzstäbchen bewaffnet um bei den Pferde
Akupunktur zu versuchen oder die Knochenknackerin (nur
wegen der Geräusche so von mir genannt), die den Pferden den

Hals bis zum Hinterteil biegen konnte.

Wir haben in dieser Zeit natürlich auch sehr viel probiert.
Bachblütentherapie und Blutegel sind unter anderem zum Einsatz
gekommen.

Alle diese Ansätze versprachen Heilung und manche brachten
z. B. die Knochenknackerin, auch die erwünschten Erfolge.

Pferdesport oder Pferdemord

Unter Pferdelaien wird immer wieder diskutiert was
pferdegerechte Haltung bedeutet.
Auch bei Pferdebesitzern wird dieses Thema sehr
unterschiedlich gesehen.
Die einen meinen Pferde müssen sich immer draußen in der
Natur aufhalten. Egal ob es regnet, schneit oder die Sonne
scheint. Diese Haltung nennt man Robust, oder
Außenstallhaltung.
Genau genommen haben diese Pferde keinen richtigen Stall,
sondern nur einen offenen Unterstand.
Der Vorteil dieser Haltung ist, dass die Pferde sehr abgehärtet
und nicht anfällig für Erkältungen und andere Zivilisations-
krankheiten sind. Ein dickes Fell hilft bei schlechtem Wetter
gegen Kälte und Nässe, aber hat den Nachteil, dass man diese
Pferde im Winter kaum reiten kann, weil sie stark schwitzen und
sehr lange brauchen und trocken zu werden.
Allerdings werden nur reine Freizeitpferde so gehalten und da
spielt das regelmäßige Training keine wirkliche Rolle.

Andere Besitzer halten ihr Pferde so, dass sie keinen Kontakt zu
anderen Pferden haben. Sie haben Angst, dass ihre Pferde sich
verletzen. Diese Pferde sind meistens neurotisch und machen
durch die fehlenden Sozialkontakte sehr häufig Probleme im
Umgang. Ich halte reine Boxenhaltung ohne diese natürlichen
Kontakte für Tierquälerei.

Ich denke, dass man eine Kombination von beiden
gegensätzlichen
Meinungen finden sollte. Boxenhaltung mit Weidegang und
regelmäßiger Aufenthalt in einer Herde sind sicher der beste
Kompromiss.

Am Anfang fast jeden Gesprächs über Pferde steht oft die
Frage, muss man ein Turnierpferd halten, oder ist es besser ein
Pferdzeitpferd zu pflegen? Hat ein Turnierpferd ein gutes Leben

oder ist alles, was man mit einem Turnierpferd anfängt nicht in Wirklichkeit Tierquälerei?

Ich denke, dass die Grenzen tatsächlich fließend sein können und kenne sicher auch schlechte Beispiele, wo genau das zutrifft.

Wenn einjährige Pferdchen, die gerade erst dem Babyalter entwachsen sind, auf die Rennbahnen geschickt werden, dann halte ich das für mehr als bedenklich.

Diese Pferde sind dann mit sechs, sieben Jahren zu alt für die Rennbahn und landen wahrscheinlich bald beim Pferdemetzger.

Das ist nicht die Art Pferdeleben, das wir gut finden.

Unsere jungen Pferde wurden im Alter von ca. drei Jahren angeritten.

Nach drei Monaten gingen sie wieder für ca. ein halbes Jahr auf die Weide und werden danach weiter ausgebildet.

Ihre ersten Turnierprüfungen gehen sie erst mit 4 Jahren.

Es sind jungpferdegerechte Aufbauprüfungen, die in Anforderung und Anzahl genau den Tierrichtlinien entsprechen.

Diese gilt für Dressur, - sowie für Springprüfungen, wobei es speziell hier nur um die Art und Weise, wie ein Pferd springt, ankommt. Die Zeit spielt im Parcours noch keine Rolle.

Vor einigen Jahren gab es schlimme Fernsehbilder von Reitern, die ihre Pferde barrten, d. h. den Pferden wurde mit dünnen Eisenstangen beim Sprung über ein Hindernis auf die Beine geschlagen, damit sie höher sprangen und keine Fehler bekamen. Dieses Handeln wurde von allen Seiten als verabscheuungswürdig empfunden.

Auch die Deutsche Reiterliche Vereinigung verurteilte es. Barren war und ist verboten!

Allerdings bog man sich durch eine Hintertür die Wahrheit zurecht, denn ab der Reiterleistungsklasse 2 darf man heute Pferde beim Sprung touchieren. Das bedeutet, das sich fast nichts geändert Hat. Profireiter dürfen so weiter machen, - nur das Material der Stange und der Umfang ist heute genau festgelegt.

Ferner kennt man auch das Argument Pferde würden nie von allein springen, das wäre alles sehr unnatürlich.

Nun, wir haben da ganz andere Erfahrungen gemacht. Wir haben Fohlen gesehen, die ganz von allein über Stangen und andere Hindernisse gesprungen sind.
Manche Pferde springen sehr gerne und manche eben weniger gern.
Man muss nur die Veranlagung erkennen, verstärken und weiter fördern.

Viele Menschen, die eine negative Meinung zum Pferdesport haben, lassen aber auf der anderen Seite ihre Kinder auf Pferdekinderkarussells. Das ist ja so schön und so niedlich. Und die Kleinen haben so einen Spaß.
Wenn man aber hinter die Kulissen eines solchen Fahrbetriebes sieht, dann kann man sehr häufig eklatante Missstände entdecken.
Die Ponys sind immer hinter bzw. auf der anderen Seite vor einer Kutsche angespannt. Ohne irgendeine Bremse. Das Karussell hält an, wenn das Kommando „Halten" den Ponys zugerufen wird.
Keines der Ponys kann allein anhalten. Wenn es dies täte, würde die Kutsche hinter ihm in seine Hinterbeine fahren. Also muss es laufen bis das Kommando kommt.
Es spielt keine Rolle, ob das Pony bereits lahmt oder ein anderes Problem hat. The Show must go on.
Auf Jahrmärkten und der Kirmes ist dies immer wieder zu beobachten. Sehen Sie sich mal die Ponys an, die fast ihr ganzes Leben in dem Karussell verbracht haben. Diese können nur noch links herum laufen, weil die Muskulatur über Jahre so aufgebaut wurde. An ein normales Geradeauslaufen oder sogar gebogen nach rechts gehen, ist kaum zu denken.
Man sieht dort sehr oft ausgemergelte, lahmende Ponys und es tut mir in der Seele weh nichts dagegen machen zu können.
Ich habe einmal eine Anzeige beim Ordnungsamt der Stadt gemacht, aber es kam nichts dabei heraus, weil sich niemand mit Pferden auskannte.
Natürlich sehen wir auch auf den Turnierplätzen nicht immer schöne Bilder, aber lahmende Pferde werden in der Regel erst gar nicht an den Start gelassen.
Ich denke, wenn Menschen ihren Lebensunterhalt (Profireiter und Züchter) mit und durch Pferde bestreiten, ist die Gefahr

sehr groß,
den Tieren nicht mehr gerecht zu werden.
Wenn man Geld mit Pferden verdienen will, dann müssen diese
wohl immer höher springen und besser ihre Dressurlektionen
beherrschen. Wenn dann illegal nachgeholfen wird, so ist das
Betrug an den Pferden, aber auch an den Menschen.
Doping ist genau so zu be,- und verurteilen. Auch hier gibt es
aus der kürzeren Vergangenheit schlechte Beispiel, die sicher
geeignet sind, den ganzen Pferdesport in Verruf zu bringen.

Reitturniere

Wir haben im Laufen der Zeit Reitturniere von beiden Seiten erlebt.

Als Turnierveranstalter und auch zumindest unsere Töchter als Teilnehmerinnen.

Da haben wir viel gesehen - Schönes und auch weniger Schönes. Immer wenn Leistungen im Sport beurteilt werden, gibt es zum Teil Urteile, die nicht unbedingt immer nachvollziehbar sind.

Wir haben Fehlurteile erlebt, die durch Alkohol beeinflusst wurden, weil Richter einfach nicht hingesehen haben oder die Stoppuhr einfach nicht mehr richtig bedienen konnten.

Richter, die absolut unsensibel junge Reiter/innen kritisierten aber auch welche, die ihre Kritik einfühlsam und erklärend anbrachten.

Insgesamt wird man als Reiter/in sicher eher mit der Notengebung bei den Dressurprüfungen unzufrieden sein als beim Springen, wenn es dort um Zeit und Fehlerpunkte geht.

Wenn man als Verein ein Turnier ausrichtet, dann ist man auf viele Mitarbeiter angewiesen, die ehrenamtlich die unterschiedlichsten Aufgaben übernehmen müssen. Das fängt schon mit der Planung eines Turniers an und endet mit dem Aufräumen am Tag nach dem Turnier.

Es ist eine Vielzahl von Arbeiten zu erledigen. Die Zuschauer können sich dies kaum vorstellen. Ferner ist ein Verein ohne Sponsoren zum Scheitern verurteilt, da doch eine sehr hohe finanzielle Belastung auf den Verein zukommt.

Allein die Gewinngelder für ein relativ kleines Turnier bewegen sich in der Größenordnung zwischen 10.000 und 15.000 Euro. Dieses Geld muss erstmal beschafft werden.

Ich hatte vorher bereits erwähnt, dass man an Reitturnieren nur als Mitglied eines eingetragenen Reitvereins teilnehmen kann. Man unterscheidet verschiedene Leistungsklassen.

Beginnend mit der Leistungsklasse 0. Diese Klasse haben zunächst alle Reiter/innen, die noch kein Reitabzeichen gemacht haben.

Sie starten in kleinen Aufbauprüfungen z.B. Reiterwettbewerben und Dressur und Springprüfungen der Klasse E.

Nach bestehen des kleinen Reitabzeichens bekommt man die LK 6 (Leistungsklasse). Diese Reiter/innen können sowohl in E-Dressuren und E-Springen, als auch in A-Dressur, - und A-Springen starten.

Es gibt 7 Leistungsklassen, 0 = ohne Reitabzeichen LK 6 - LK1 mit Reitabzeichen bzw. Erfolgen, die eine weitere Höherstufung in die nächste LK ermöglichen.

Die Leistungsklasse 1 entspricht dem internationalen Standart, d.h. diese Reiter/innen dürfen dann international auch für Deutschland starten.

Während die Leistungsklassen 0, 6 und 5 für Springen und Dressur gelten, spezialisieren sich die Reiter/innen in den höheren Klassen und reiten dann nur noch in ihren jeweiligen Disziplinen.

Viel Geld kann man leider bei Siegen und Platzierungen in den unteren Klassen nicht gewinnen. Das gibt es nur bei internationalen Prüfungen. Aber man kann sicher einen mehr oder weniger großen Teil der Unterhaltskosten der Pferde erwirtschaften, wenn man sich regelmäßig unter den Platzierten befindet. Denn ein Drittel aller Teilnehmer bekommen von dem ausgeschriebenen Gewinngeld einen Teil. (der Gewinner den größten Teil)

Was kostet ein Pferd?

Richtiger Weise sollte man die Frage ergänzen:
Und was kostet es ein Pferd zu halten?

Grundsätzlich übersteigen die Unterhaltskosten die
Anschaffungskosten für ein „normal teures" Pferd meistens
sehr schnell.
Es spielt natürlich eine Rolle, welche Ansprüche wir an die
Unterbringung stellen.
Soll es nur ein Stall mit Weide und ansonsten Selbstversorgung
sein, oder wird das Pferd im Reitstall mit Vollverpflegung
und evtl. Beritt durch einen Profi untergebracht?
Dabei können die Kosten von ca. 150,00 Euro monatlich bis zu
1500,00 Euro und mehr betragen. An weiteren Kosten kommen
der Hufbeschlag und die Impfkosten für den Tierarzt dazu.
Als Erstanschaffung schlägt ein Sattel, Zaumzeug, Gamaschen
und Bandagen sowie Sattel, - Stall, - und Weidedecken und
Putzzeug, usw. ein weiteres Loch in das Budget.
Es ist also schnell die Rechnung aufzumachen.
Vielleicht hat Ihr Pferd zwischen 3.500,00 und 5.000,00 Euro
gekostet, das Zubehör wie oben beschrieben noch mal ungefähr
2.000,00 Euro, so sind erstmal ca. 5.500,00 – 7.000,00 Euro
locker zu machen.
Zu berücksichtigen ist, dass man später auch einen
(gebrauchten) Pferdeanhänger und ein Zugfahrzeug braucht,
dass in der Lage ist einen Anhänger (als Einpferdeanhänger ca.
1200 kg) zu ziehen.
Die jährlichen Kosten für die Unterbringung betragen ca.
zwischen 2.000 - 19.000,00 Euro.

Als Vergleich kann man die Kosten für Ausrüstung,
Mitgliedschaft und Trainerstunden, usw. in einem Tennisverein
zu Rate ziehen.
Auch dieser Sport ist nicht billig.

Wir haben es aber nie bereut unseren Mädchen diesen Sport zu
ermöglichen, denn keine unserer Töchter kam auf „dumme „
Gedanken und hatte Kontakt zu Drogen und anderen
unerfreulichen Zeiterscheinungen.

Vergleiche von Wallachen, Stuten und Hengsten.

Wenn man Wallache, Stuten und Hengste miteinander vergleicht,
dann findet man die unterschiedlichsten Meinungen.
Die einen schwören auf Hengste, so wie die anderen auf Stuten oder Wallache. Es sind eben die Erfahrungen, die jeder gemacht hat.
Hengste sind sicher im Umgang nicht so leicht zu handhaben, wie Wallache. Auch Stuten können wie Hengste sehr dominant sein.
Wenn man einen Hengst zum Wallach macht, dann kann das verschiedene Gründe haben.
Zunächst ist es viel aufwendiger einen Hengst zu halten.
Das heißt, man muss ihn allein halten und wenn man den Hengst einigermaßen tiergerecht versorgen will, braucht man eine eigene Weide mit einem Zaun der ca. 2 Meter hoch sein sollte.
Auch die Lage der Box muss sorgfältig ausgesucht werden, da er in der Nähe von Stuten sonst im Dauerpaarungsstress wäre.
Auch beim Reiten gibt es oft Probleme. Hengste haben ihren eigenen Kopf, sind sehr dominant und dulden keine anderen Pferde in ihrer Nähe. Alles ist natürlich auch eine Frage der Erziehung, die aber sehr gefühlvoll, aber konsequent stattfinden muss.
Zum Wallach wird ein Hengst, wenn man keinen Zuchthengst braucht, oder die Qualität des Hengstes zu wünschen übrig lässt.
Die Kastration ist eine Operation, die medizinisch gesehen nicht besonders kompliziert ist und meistens auf der Weide erfolgt.
Es werden nach einer örtlichen Betäubung die Hoden mit einer Zange abgedrückt. Die Wunde wird genäht, nach so gut es geht sauber gehalten und heilt dann von allein.
Nach einigen Wochen hat sich der Hengst dann auch psychisch in einen Wallach verwandelt. Das Hengstverhalten hat sich gelegt.
„Legen" ist auch der Fachbegriff für die Kastration.
Das Wesen des Wallachs entspricht bei gelungener Operation ungefähr dem Verhalten einer braven Stute ohne Geschlechtstrieb.

Wenn man jetzt denkt, dass Stuten nur brav und unkompliziert sind, dann irrt man.

Stuten sind in der freien Natur die wirklichen Herrscher und Leiter der Herde. Es gibt eine Leitstute, die alles unter sich hat. Sie bestimmt das Zusammenleben und die Struktur innerhalb der Herde. Dieses Verhalten legen Stuten nie ab. Man muss also immer damit rechnen eine Leitstute zu haben.

Auch hier hilft nur eine konsequente Erziehung.

Wenn der Mensch als Leittier anerkannt wird, hat man auch die Stute auf seiner Seite.

Eigentlich ist es egal, ob Hengst, Wallach oder Stute, denn das Wichtigste ist den Charakter zu verstehen und damit pferdegerecht umgehen zu können.

Das ist im Übrigen das Grundprinzip vernünftigen Zusammenlebens aller Lebewesen:

Den Anderen verstehen und auf ihn und seine Eigenarten richtig einzugehen.

Schlussbemerkung

Wenn ich mich heute frage, ob sich alles gelohnt hat,
ob alles Geld richtig angelegt war,
ob das investieren des Zeit, und Kraftaufwandes
sinnvoll gewesen ist,
dann kann ich ganz klar die Antwort geben:

Ja, es war richtig und es hat sich gelohnt!

Unsere Mädchen haben ohne große Probleme die Schulzeit
überstanden, alle haben das Abitur gemacht und studiert.
Sie haben sich zu verantwortungsvollen Menschen entwickelt.
Ich weiß nicht, wie alles gekommen wäre, wenn wir keine Pferde
gehabt hätten.

Die Frage ist eigentlich, was ist die vernünftige Entwicklung der
eigenen Kinder wert?
Was ist es uns wert unsere Kinder zu verantwortungsbewussten
Mitgliedern der Gesellschaft heranwachsen zu sehen?

Alle drei habe sehr früh gelernt Verantwortung für sich selbst
und auch für das Lebewesen Pferd zu übernehmen.
Das ist eine Eigenschaft, die nicht bezahlbar ist.

Natürlich haben wir Fehler gemacht. Diese im Einzelnen
aufzuzählen würde sicher ein weiteres Buch füllen.
Natürlich hätte man vieles besser oder eben ganz anders
machen können.

Aber im Endeffekt zählt das Ergebnis, und das ist mehr als gut.